EDITH BERGNER

Blütenkind

INHALT

Der weiße Hase von Inaba
5

Bauer Strohhalm
13

Die Krabbe und der Affe
20

Momotaro, der Pfirsichjunge
23

Tomo und Giri
30

Urashima Taro
36

Der Steinhauer
43

Der Brückenbauer
46

Migi und Hidari
52

Furu jan mori, der Regen,
der durch das morsche Dach tropft
58

Der alte Mann, der verdorrte Bäume
zum Blühen brachte
62

Kikus Spiegel
72

Blütenkind
77

Die Grasmücke
84

EDITH BERGNER

Blütenkind

Märchen aus Japan

Illustrationen von Susanne Berner

Der Kinderbuchverlag Berlin

ISBN 3-358-01210-7

1. Auflage 1990
© DER KINDERBUCHVERLAG BERLIN – DDR 1990
Gesamtherstellung: Grafischer Großbetrieb Sachsendruck Plauen
LSV 7528
Für Leser von 8 Jahren an
Bestell-Nr. 631 141 0

Der weiße Hase von Inaba

Wohl tausend Jahre und länger ist es her. Niemand weiß es genau. Menschenleer war damals die Küste von Inaba im Land San in do. In den dichten Bambuswäldern wohnte die Stille.

Weit draußen auf dem Meer wohnte der Sturm.

Da gab es einmal in jenen Wäldern einen weißen Hasen. Viele Hasen gab es dort, neunhundertneunundneunzig, große und kleine, graue und blaue, gefleckte und gescheckte. Doch nur ein einziger trug ein weißes Fell.

Es war so leuchtend weiß wie der feine Sand am Strand von Inaba. Dort, in dem feinen Sand hatte der weiße Hase sein Nest unter dem Geflecht einer Bambuswurzel. Dort fühlte er sich geborgen.

Wenn er Lust hatte, spielte er mit den anderen neunhundertachtundneunzig Hasen, oder mit den Eichkätzchen, oder mit den Schmetterlingen. Jeden Morgen weckte ihn die Seemöwe Chindori. Jeden Abend setzte sie sich auf die Bambuswurzel neben seinem Nest und sagte: »Es war ein schöner Tag.«

»Sodeska«, antwortete der weiße Hase, »du sagst es.«

Dann schwatzten beide noch eine Weile miteinander, bis es dunkelte.

»Bald kommt die Zeit der warmen Sommernächte«, erzählte die Seemöwe Chindori, »dann geht Okuni nushi, der Gott des Glücks, durch die Wälder der Stille.«

Doch der weiße Hase hatte ihn noch nie gesehen. Er schlief vom Abend bis zum Morgen fest und tief.

Einmal aber, in einer blauen Mondnacht, wachte er auf. Da war ihm, als sei er eben vorübergegangen, Okuni nushi, der Gott des Glücks. Glühwürmchen umschwirrten ihn; sie ka-

men aus dem Dickicht, unzählige Lichtpünktchen. Sie glühten auf und erloschen, glühten wieder auf, immer wieder. Sie woben Lichtketten und schwebten wie der weitausschwingende Mantel Okuni nushis am Fuße des Waldes hin. Alles geschah wundersam lautlos. In dieser Stunde feierte die Stille ihr schönstes Fest.

Glücklich schlief der weiße Hase wieder ein.

Der Sommer verging. Nebelschleier umwoben die Nächte. Wie Mondatem schwebten sie über dem Meer. Bald aber wurden sie schwerer und dichter. In grauen Schwaden wallten sie über die Küste von Inaba hin.

Zuerst war es wie ein Stoß. Die Erde erzitterte. Angst ergriff die Tiere. Die Eichkätzchen, die neunhundertneunundneunzig Hasen verkrochen sich im Dickicht und suchten Schutz in ihren Laubhöhlen.

Der weiße Hase grub sich tiefer in den Sand. Lauter heulte der Sturm. Näher kam die Flut gischtschäumender Wogen. Sie erreichte das Ufer. Sie überschwemmte den Strand. Die dünnen Bambusstämme bogen sich und ächzten. Ein Krachen und Splittern, ein höllisches Tosen durchdrang die Wälder der Stille.

Das alles nahm der weiße Hase nicht mehr wahr. Die Sturmflut hatte die Bambuswurzel gepackt, in deren Schutz er sich verbarg. Er klammerte sich in ihrem Geflecht fest. Der Schlund der rasenden Wellen riß die Wurzel mit sich fort, verschlang sie, spie sie aus, verschlang sie wieder und trieb sie hinaus aufs Meer.

Die Bambuswurzel barst unter der Last der Wogen. Der weiße Hase aber wurde auf das steinige Gestade der Insel Oki, eine Seemeile weit vom Festland, geschleudert. Als er erwachte und wieder zu sich kam, lag er wundgeschlagen auf felsigem Geröll. Große, schwarze Kiesel bedeckten den Strand. Dahinter ragten spitz und steil zerklüftete Felsen aus dem Meer. Kein Baum, kein Strauch schmückte die düstere Insel.

Der Sturm hatte sich ausgetobt. Nur die Wogen grollten noch dumpf. Doch als der weiße Hase genauer hinsah, erblickte er, in den Wogen schwimmend, die riesigen Leiber schnaufender Seeungeheuer, der schwarzhäutigen Wani.

Seit siebenhundert Jahren lebten die Fettleiber auf dieser Insel, zusammen mit den Oni-bi, den Teufelsgesichtern, die irrlichternd in den Felsspalten hockten; zusammen mit den Kiji, die sich von einem Augenblick zum anderen verwandeln konnten in scheußliche Mißgestalten. Bald blähten sie sich kreischend auf, bald schrumpften sie kichernd zusammen.

Sie alle, die Wani, die Oni-bi, die Kiji belagerten den Strand von Oki oder wälzten sich wie dunkle, bewegte Wellen im Meer.

Natürlich hatten sie den weißen Hasen bemerkt, der angstvoll auf den schwarzen Kieseln hockte. Sie krochen heran. Sie beschnüffelten ihn und glotzten ihn mit unheimlich funkeln-

den, scharlachroten Augen an, mit grünflackerndem, gespenstischem Zwinkern.

Der weiße Hase wagte sich nicht zu regen. Angst und Entsetzen lähmten ihn. Bleigrau und schwer hing der Himmel über dem Meer.

Eine schauerliche Nacht brach an. Der weiße Hase konnte keine Ruhe finden. Ungewohnt und viel zu hart waren die schwarzen Steine unter seinen Füßen. Er kannte nur den feinen Sand der Küste von Inaba.

An seiner Seite röchelten und schnauften, widerlich glucksend und gurgelnd, die Ungeheuer. Der weiße Hase fürchtete sich. Endlich, endlich dämmerte der Morgen.

Aus dem bleigrauen Himmel brach ein fahles, blasses Licht, zaghaft zuerst, dann wurde es heller und schmückte sich mit goldenem Schimmer.

Dann tauchte aus der leuchtenden Ferne die Sonne auf in strahlendem Glanz. Die Wolken entwichen, die Sonne stieg und stieg, unaufhaltsam.

Bald lagen Meer und Himmel in reinem, klarem Blau. Mitten im Blau aber lag, immer deutlicher sichtbar, ein Streifen von leuchtendem Weiß, die Küste von Inaba.

Ganz nah erschien sie.

Eine große Sehnsucht kam über den weißen Hasen. Er vergaß die Angst, die ihn stumm gemacht hatte.

Neben ihm lag ein dickes, grunzendes Wani und rekelte sich in der Sonne. Es war das dickste, denn es war das älteste unter den Wani. Alle anderen Wani, alle Oni-bi und alle Kiji mußten ihm gehorchen.

»Sieh doch, sieh doch«, rief der weiße Hase erregt, »sieh dort den weißen Streifen, das ist der Strand von Inaba!«

Weiße Strände machten keinen Eindruck auf das dicke Wani.

»Dozo, dozo, bitte, bitte«, bettelte der Hase, »ich möchte zurück zum Strand von Inaba. Dort bin ich zu Hause, dort habe ich ein Nest aus feinem Sand. Dozo, bitte, nimm mich auf deinen breiten Rücken und bring mich hinüber.«

Das dicke Wani gähnte. Es hatte einen Rachen, größer als der Rachen eines Krokodils, und scharlachrote Augen.

»Laß mich in Ruhe«, schnaufte es selbstgefällig und ohne Erbarmen. »Mir ist der schwarze Strand von Oki gerade recht.« Dann wälzte es sich auf die andere Seite. Dort lag es, und dort blieb es liegen, solange es ihm paßte.

Könnte ich doch fliegen so wie die Seemöwe Chindori, dachte der weiße Hase betrübt, dann flöge ich hinüber zum Strand von Inaba, oder könnte ich wenigstens schwimmen.

Plötzlich kam dem Hasen in seiner Not ein Gedanke. Es war ein listiger Gedanke. Niemand hatte ihm bisher einen listigen Gedanken zugetraut.

»Ich finde es nicht freundlich von dir, daß du mir den Rücken zukehrst«, begann er von neuem, »wenn du mir schon nicht helfen willst, könntest du dich wenigstens mit mir unterhalten. Ich bin zwar nur ein kleiner Hase, doch ich habe eine große Familie.«

Das dicke Wani blieb stumm. Deshalb versuchte der weiße Hase es herauszufordern.

»Wir sind viele Hasen im Wald von Inaba«, beteuerte er.

»Wir sind viele Wani im Meer«, entgegnete gleichmütig das Wani.

»Aber nicht so viele wie wir.«

»Mehr als ihr. Denn das Meer ist größer als der Bambuswald von Inaba.«

»Aber du weißt nicht, wie viele ihr seid«, beharrte der weiße Hase.

Das Wani schwieg.

»Ich weiß, wie viele wir sind, ich habe uns gezählt«, behauptete der weiße Hase keck. Er ließ sich nicht beirren. »Wir sind neunhundertneunundneunzig. Du aber, du weißt nicht, wie viele ihr seid.«

Das Wani wußte tatsächlich nicht, wie groß seine Familie war. Es ärgerte sich über den Hasen.

»Du könntest ja alle Wani zusammenrufen, dann würde ich sie für dich zählen«, erbot sich der Hase, »ich habe nichts wei-

ter vor, und du wüßtest, wie viele ihr seid. Weshalb soll ich dir nicht den Gefallen tun? Schließlich muß man doch wissen, wie viele Verwandte man hat.«

Das dicke Wani hatte nicht länger Lust, sich mit dem weißen Hasen abzugeben.

»Nun gut, ich werde alle Wani zusammenrufen«, erwiderte es verdrießlich, »dann kannst du sie zählen. Aber es ist lächerlich, zu glauben, deine Familie sei größer als meine.«

Bald wimmelte es tatsächlich von kleinen und großen Wani rund um die Insel Oki. Auch der schwarzkieselige Strand war mit ihren Leibern bedeckt.

»So ungeordnet kann ich euch nicht zählen«, gestand der weiße Hase, »geht zurück ins Meer und bildet dort eine lange Reihe, Rücken an Rücken. Dann wird es leichter für mich.«

Die Wani legten sich nebeneinander. Eine lange Brücke aus Wani-Leibern entstand. Sie wuchs von der Insel Oki bis zur Küste von Inaba hinüber. »Recht so, recht so«, frohlockte der weiße Hase. Dann hüpfte er über die Rücken der Wani hin. Mit dem dicken, rotäugigen Wani begann er. »Eins!« und dann: »zwei, drei«, und so fort.

Bald hörte das rotäugige Wani die Stimme des Hasen nur noch aus weiter Ferne. Er aber hüpfte und zählte, zählte und hüpfte dem Strand von Inaba entgegen.

Immer näher kam der Küstenstreifen. Immer vergnügter wurde der weiße Hase. Als er vom Rücken des letzten Wani zum Festland hinüberspringen wollte, wurde er übermütig.

»Neunhundertachtundneunzig!« rief er. »Habe ich es nicht vorausgesagt?! Schwimmt zurück zur Insel Oki und berichtet dem dicken Wani, daß meine Familie größer ist als eure.«

»Das kann nicht sein, du hast dich verzählt!« behauptete das Wani, von dessen Rücken er sprang. »Geh zurück und zähle noch einmal.«

»Leider müßt ihr das selbst besorgen«, erwiderte der weiße Hase mit scheinbarem Bedauern. »Ich wollte ja nur herüber zum Festland von Inaba. Arigato, arigato, vielen Dank, vielen Dank, daß ihr mir geholfen habt!« Dann rannte er davon.

Das Wani aber, das ihm am nächsten war, schnappte mit seinem großen Maul nach ihm. Doch es bekam nur sein Fell zu fassen und zog es ihm vom Leibe.

Schimpfend und schnaufend schwammen die Wani davon. Eines berichtete es wütend dem anderen, daß ein kleiner weißer Hase sie alle überlistet hatte. Schließlich gelangte die Nachricht bis zur Insel Oki, bis zu dem dicksten, ältesten Wani hin.

Der weiße Hase aber schleppte sich zitternd und weinend den Strand entlang. Jedes Sandkörnchen tat ihm weh. Winselnd blieb er liegen.

So fand ihn die Seemöwe Chindori. Mit dem sanften Schlag ihrer Flügel kühlte sie seine Wunden. Als sie erfuhr, was geschehen war, sagte sie: »Hase ohne Fell, weine nicht länger. Ich weiß einen Rat. Geh zu den Binsengräsern am Ufer des Meeres und bade dich in ihrem Blütenstaub. Dann wird dein Fell wieder wachsen.«

Der Hase hoppelte zu den Binsengräsern und badete im Blütenstaub, viele Male. Sein Fell begann zu wachsen. Es wurde dichter und üppiger als je zuvor. Bald war es wieder so leuchtend weiß wie der Sand am Strand von Inaba.

Zwar hatte die Sturmflut das Nest des Hasen zerstört. Doch viele Nester bot der Strand von Inaba mit seinem feinen Sand.

Der weiße Hase war wieder zu Hause, dort, wo Okuninushi, der Gott des Glücks, in den warmen Nächten durch die Wälder der Stille ging und Glühwürmchen ihre Lichtketten woben am weitausschwingenden Saum seines Mantels.

Jeden Morgen flog die Seemöwe Chindori über den Strand und weckte den weißen Hasen. Wenn er Lust hatte, spielte er mit den Eichkätzchen, den Schmetterlingen und mit den neunhundertachtundneunzig Hasen oder wie viele es sein mochten. Er hatte sie ja selbst nie gezählt.

Bauer Strohhalm

Mukashi, mukashi, vor langer, langer Zeit gab es ein kleines Dorf, das lag mitten im Land der gelben Reisähren. Unter sieben Ahornbäumen standen sieben Hütten. Die siebente war halb schon zerfallen. Nur der mächtige Ahornstamm neben ihr hielt sie noch aufrecht.

Unter ihrem Dach wohnte der junge Shobei. Seine Eltern waren gestorben. Er stand allein in der Welt, und der Hunger saß ihm im Magen.

Wenn die Bauern aus den sechs anderen Hütten morgens auf dem Weg zu ihren Reisfeldern an der siebenten Hütte vorübergingen, sagten sie untereinander: »Der arme Shobei, was soll nur aus ihm werden!« Doch weil sie selbst ein kärgliches Leben führten und jeder von ihnen nur so viel erntete, daß es für die eigene Feuerstelle reichte, wußten sie nicht, wie sie ihm helfen sollten.

Shobei sah ihnen nach und dachte: Wenn ich nur ein kleines, ein ganz kleines Reisfeld besäße, brauchte ich mich nicht von den Blättern des Farns zu ernähren und nicht von den Wurzeln der Disteln, die am Feldrand wachsen.

Eines Abends betrat Shobeis Nachbar die Hütte. Er war der älteste unter den Bauern.

»Hör zu, Shobei, was ich dir sage«, begann er, »bevor die Hungersnot dich ganz gepackt hat, versuch noch ein Letztes und mach dich auf den Weg zum Tempel der Göttin der Barmherzigkeit. Vielleicht weiß sie einen Rat. Du mußt sie nur lange genug bitten, dann schickt sie dir ein Traumgesicht, das ihren Rat kundtut.«

Shobei spürte, daß der Alte es gut mit ihm meinte. Fleißig und lange genug bitten –, das wollte er gewiß.

Gleich am nächsten Morgen brach er auf. In einen mit Flik-

ken besetzten Beutel packte er getrocknete Wurzeln und Kräuter, damit er unterwegs etwas zum Kauen hatte. Die Hütte ließ er offenstehen. Es gab darin ohnehin nichts zu holen. Beim ersten Strahl der Sonne verließ er das Dorf, barfuß, das zerschlissene Baumwollhemd über dem Lendentuch. Der Weg führte durch eine Ebene, über Geröll zum fernen Bergwald hin. Dort wohnte seit vielhundert Jahren in einem Tempel die Göttin der Barmherzigkeit.

Shobei lief und lief. Als er schon ganz erschöpft war, sah er durch das Grün der Bäume ein rotlackiertes Torii leuchten, die Eingangspforte. Breite Steinstufen führten zum Tempel hinauf. Von den Türmen im Tempelhof bimmelten helltönende Glöckchen. Es war ein Kommen und Gehen über die ausgetretenen Stufen hin. Viele Pilger drängten ins Tempelinnere. Dort war, in Holz geschnitzt, das Bildnis der Göttin aufbewahrt. Sie saß auf einem Lotosblatt, und vierzig Arme strahlten von ihrem Körper aus, die Pilger zu empfangen.

Shobei war geblendet von dem Reichtum der Farben, dem Scharlachrot, dem gleißenden Gold, den kostbaren Schnitzereien.

Doch ohne Zögern trug er der Göttin sogleich sein Anliegen vor. Dann setzte er sich auf eine der Tempelstufen und dachte: Hier bleibe ich sitzen, und sollte ich Tage und Nächte lang auf das Traumgesicht warten.

Der Abend kam, die Dämmerung. Mönche huschten über den Tempelhof, sie zündeten die Steinlaternen an. Hohe Zedern warfen dunkle Schatten.

»Was willst du noch hier?« fragten die Mönche. »Wir schließen den Tempel jetzt. Geh.«

Shobei ging nicht. Nicht heute. Nicht morgen. Die kargen Vorräte im flickenbesetzten Beutel waren längst aufgezehrt. Er war hungrig, doch er blieb.

»Was sollen wir tun?« fragten die Mönche. »Er ist erschöpft. Wir können ihn nicht fortschicken. Doch können wir ihn auch nicht hungern und vielleicht gar noch sterben lassen im Tempel der Göttin der Barmherzigkeit.« Sie einigten

sich, daß sie der Reihe nach ihren Hirsebrei mit Shobei teilen wollten.

So geschah es. Als aber die Reihe zum zweiten Mal an einen jeden kam, wünschten sich die Mönche, die Göttin der Barmherzigkeit möge nicht mehr allzulange zögern und Shobei recht bald das Traumgesicht schicken.

Shobei wartete geduldig und unverdrossen. Er wartete dreimal sieben Tage und dreimal sieben Nächte und ließ sich den Hirsebrei schmecken. Dreimal sieben Tage und dreimal sieben Nächte warteten auch die Diener des Tempels. Ihr Unbehagen wuchs.

Da, in der zweiundzwanzigsten Nacht erschien Shobei im Schlaf ein Mönch und sagte: »Höre, Shobei, die Göttin erteilt dir durch mich diesen Rat: Verlasse den Tempel. Das erste aber, was deine Hand ergreift, halte fest und mach es dir zunutze. Auch das Geringste achte nicht gering.«

Am nächsten Morgen berichtete Shobei den Mönchen, was er in der Nacht erfahren hatte, bedankte sich für ihre Wohltätigkeit und verließ den Tempel.

Von dem langen Hocken auf den Stufen waren ihm die Beine steif geworden. Er stolperte und fiel hin. Als er wieder aufstand, entdeckte er einen Strohhalm, der an seinem Hemd haftengeblieben war. Er wollte ihn wegwerfen, doch er erinnerte sich an die Weisung der Göttin. Enttäuscht, weil es nur ein Strohhalm war, doch bedacht darauf, Geringes nicht gering zu achten, behielt er den Strohhalm in der Hand und ging weiter.

Der Zuspruch der Göttin hatte sein Herz, der Hirsebrei der Mönche hatte seinen Magen gestärkt.

Sperlinge flatterten vor ihm her. Tautropfen glitzerten im Gras. Plötzlich umschwirrte ihn eine große Stechfliege. Er jagte sie fort. Sie kam zurück. Er rannte. Sie blieb über ihm.

»Warte«, sagte Shobei, »du sollst mich nicht länger belästigen.« Geschickt fing er sie ein. Weil er nun nicht ständig mit der linken Hand den Strohhalm und mit der rechten die Stechfliege festhalten wollte, nahm er einen Faden von seinem zer-

16

schlissenen Hemdärmel, band das eine Ende um den Leib der Stechfliege und das andere Ende am Strohhalm fest.

Die Stechfliege umschwirrte den Strohhalm wie ein Kreisel. Sie konnte Shobei nicht mehr ärgern. Er aber konnte ihre buntschillernden Flügel aus der Nähe betrachten, ohne von ihr gestochen zu werden.

Pilger, die ihm begegneten, schüttelten den Kopf und lachten über seinen Einfall.

»Halt, warte. Bleib stehen!« sagte da ein Junge neben ihm. »Dein Spielzeug gefällt mir. Ich möchte es haben.« Er hatte sich von der Hand der Mutter befreit und lief neben Shobei her.

Es war das erste Mal, daß Shobei etwas besaß, das ein anderer begehrte. Der Gedanke verwirrte ihn und machte ihn froh.

»Nimm!« sagte er.

»Du hast ein gutes Herz«, lobte die Mutter, als sie näher kam, »doch eine Gabe ist der anderen wert.« Sie nahm drei Orangen aus ihrem Eßkorb und reichte sie Shobei.

Dann trennten sie sich.

Shobei konnte kaum begreifen, daß aus einem Strohhalm und einer Stechfliege auf einmal drei Orangen geworden waren. Doch weil der Tausch so freundlich vollzogen wurde, mußte er wohl in Ordnung sein.

Die Mittagszeit kam näher. Die Sonne stieg. Immer mehr Pilger fanden sich auf der Straße ein: Arme, schwitzend in der Sonnenglut; Reiche, unter Schirmen dahinschreitend; Adlige und wohlhabende Kaufleute neben Kriegern, Handwerkern und Bauern.

An einer Wegbiegung bemerkte Shobei einen Straßenhändler, der den Vorüberziehenden seine Waren anbot. Es war ein alter Mann. Auf seinen Schultern balancierte er eine Stange, an der die Gegenstände hingen, die er verkaufen wollte: Gürtel und Geldbeutel, Tonkrüge, Trinkgefäße für Tee und Reiswein, Tücher. Die Sonne brannte. Die Last der Ware drückte den Alten. Der Durst dörrte ihm die Kehle aus.

Shobei dachte an die drei saftigen Orangen, die er bei sich trug. Und weil der Alte nichts sehnlicher begehrte, als seinen Durst zu löschen, Shobei aber besaß, woran es dem anderen mangelte, bot er ihm die Orangen an. Eine Gabe ist der anderen wert, den Satz wollte er gleich noch einmal erproben.

Der Alte griff nach den Orangen und verneigte sich. Auch Shobei verneigte sich. Dann zog der Händler unter bunten Tüchern einen Stoff hervor. Auf tiefblauem Grund leuchteten gelbe Chrysanthemen. Noch nie hatte Shobei einen so kostbaren Stoff gesehen. Er wagte kaum, ihn entgegenzunehmen. Der Alte, schon gierig den Saft der Orangen schlürfend, verneigte sich noch immer. Auch Shobei, im Weitergehen, verneigte sich wieder und wieder.

War es die Mittagszeit, war es die Sonnenglut, die immer mehr Pilger zur Rast einlud? Sie suchten den Schatten der Zedern auf und hockten sich um ihre Eßkörbe. Die Bauern schwatzten mit den Handwerkern, die Handwerker mit den Kaufleuten, die Kaufleute mit den Kriegern. Das gab plötzlich ein Feilschen und Bedenken und Geschäftemachen auf der Straße zur Göttin der Barmherzigkeit.

Doch bevor Shobei begriff, was vor sich ging, warfen sich alle auf die Knie und verneigten sich so tief, daß ihre Stirnen die Matten berührten, auf denen sie lagerten. Selbst die Adligen klappten für Augenblicke ihre Sonnenschirme zu und knieten nieder.

Ein prunkvoller Zug nahte. In einer Sänfte trugen Diener die schönste der Prinzessinnen. Mit Fächern aus Elfenbein fächelten sie ihr Kühlung zu. Ihre Haut war kirschblütenweiß, ihr schwarzes Haar zierten bunte Seidenbänder.

Shobei, eines solchen Anblicks ungewohnt, stand starr und reglos unter den ehrfürchtig Knienden. Dadurch wurde die Prinzessin auf ihn aufmerksam. Sie war nicht nur die schönste, sie war auch die putzsüchtigste aller Prinzessinnen des Landes. Sie erblickte den kostbaren Stoff, den Shobei auf seinem Arm trug. Die gelben Chrysanthemen auf tiefblauem Grund leuchteten ihr entgegen.

18

Aus dem Ärmel ihres Kimonos zog sie einen Beutel, mit Silbermünzen gefüllt, und warf ihn mit leichter Hand dem Diener zu, der an ihrer Seite ging; besaß sie doch Beutel voll Gold, so viele, daß sie kaum zu zählen waren.

Der Diener trat auf Shobei zu. Er nahm ihm den Stoff ab und übergab ihm das Geld.

Nun erst, den Beutel in der Hand, erwachte Shobei aus seinem Staunen. Die Prinzessin mit ihrem Gefolge zog lächelnd weiter. Die Knienden richteten sich auf und wandten sich wieder ihren Eßkörben zu. Shobei aber hielt den Beutel fest in der Hand und lief, lief, bis er sein Heimatdorf erreichte.

Erst dort, in der zerfallenen Hütte unter dem Ahornbaum wagte er den Beutel zu öffnen. Es waren so viele Silbermünzen darin, daß er sich das kleine Reisfeld kaufen konnte, das er sich immer gewünscht hatte, und die nötige Anzahl Reispflanzen dazu. Drei Münzen blieben übrig. Davon schenkte er dem alten Nachbarn eine dicke Jacke für den Winter.

So wurde aus dem armen Shobei ein Reisbauer im Land der gelben Reisähren. Und weil sein Glück mit einem Strohhalm begonnen hatte, gaben ihm die Leute im Dorf den Namen: Bauer Strohhalm.

Jeden Abend dankte Shobei der Göttin der Barmherzigkeit für ihren weisen Rat. Doch ebensogern erinnerte er sich an den Hirsebrei der Mönche.

Die Krabbe und der Affe

In einer Baumhöhle, eine Wegstunde weit vom Meer, wohnte einst eine zierliche Krabbe. Sie war flink und fleißig, und vergnügt war sie auch. Morgens steckte sie den Kopf aus ihrer Höhle heraus und rief: »Wohin fliegst du, Wespe, emsige?« und »Wie geht es dir, Möwe, kläräugige?« und »Guten Weg, Igel, pfiffiger!« Möwe und Igel und Wespe waren ihre Freunde.

Als sie eines Tages spazierenging, sah sie auf ihrem Weg eine Handvoll Reis liegen. Ein Bauer hatte am Waldrand Mahlzeit gehalten. Die Krabbe freute sich über den Reis und schleppte die Körner in ihre Höhle.

Das beobachtete ein Affe, der im gleichen Wald wohnte und nicht weniger Appetit auf den Reis verspürte. Deshalb bot er der Krabbe einen Tausch an. Eben hatte er einen saftigen Kaki verspeist, einen Apfel, reif und rotschalig. Die Kerne hielt er noch in der Hand. Er reichte sie der Krabbe hin.

Die Krabbe, gutmütig, verzichtete auf den Reis. Gierig verschlang der Affe die Körner, die Krabbe aber kehrte hungrig heim. Ich werde die Kaki-Kerne in meinem Garten eingraben, dachte sie. Vielleicht wächst ein Kaki-Baum daraus.

Viele Tage vergingen, sonnenklare, trübe, regengraue, und viele Nächte, mondhelle, dunkle, nebelschwere. Da kam der Affe wieder einmal daher und sah die Krabbe vor der Tür ihrer Höhle sitzen im Schatten eines üppigen Kaki-Baumes.

»Guten Tag«, sagte der Affe, »wie verlockend leuchten die Früchte deines Kaki-Baums. Ich bin sehr hungrig. Und weil du ohnehin nicht auf den Baum hinaufklettern kannst, biete ich dir meine Hilfe an. Ich werde die rotschaligen Kaki für dich pflücken, und dann wollen wir sie miteinander teilen.«

»Wie freundlich von dir«, erwiderte arglos die Krabbe.

Der Affe kletterte am Stamm hinauf, sprang von Ast zu Ast und aß so viele von den saftigen Früchten, daß sein Bauch rund und dick wurde. Der Krabbe aber warf er hin und wieder einen verkümmerten Kaki zu.

Was nützt es, wenn ich mich über seine Falschheit entrüste, dachte die Betrogene, er ist stärker als ich.

Plötzlich traf sie eine besonders harte Frucht auf den Kopf. Betäubt blieb sie liegen; der Affe aber lief satt und zufrieden davon. Als die Wespe eine Stunde später am Kaki-Baum vorbeiflog und sah, was geschehen war, tröstete sie die Krabbe und pflegte sie. Dann suchte sie den Igel auf, den pfiffigen, und die Möwe, die kläräugige. Gemeinsam beschlossen sie, den Affen zu strafen, denn sie vermuteten, daß er zurückkehren würde, um sich erneut den Bauch mit den saftigen Kaki-Früchten vollzustopfen.

Der Igel eilte zur Höhle, kletterte auf den Querbalken über der Eingangstür, griff nach dem schweren Reismörser, den die Krabbe dort aufbewahrte, und verhielt sich still. Die Möwe legte ein Ei auf den Boden der Höhle und nickte unschuldsvoll. Die Wespe flog zum Wassereimer und verbarg sich dort. Die Krabbe aber versteckte sich im Dunkel der Höhle.

Eilig kam der Affe daher.

»Liebe Krabbe, du zierliche«, begann er scheinheilig, »wo bist du?«

In der Höhle blieb alles still.

Um so besser, dachte der Affe, die Krabbe ist ausgegangen. Er betrat die Höhle, anmaßend, als sei es die eigene. Auf dem Boden entdeckte er das Ei. Gleich griff er danach, um es auf dem Kohlenfeuer zu braten. Da platzte die Schale des Eis und drang in vielen kleinen Splittern messerscharf in seine Haut ein. Der Affe stürzte zum Wassereimer, um die Wunden zu kühlen. Doch nun kam die Wespe aus ihrem Winkel hervor und stach ihn in die Nase. Der Affe schrie auf und wollte die Höhle verlassen. Im rechten Augenblick aber, als er über die Schwelle floh, stieß der Igel den schweren Reismörser vom Querbalken herunter und schlug ihm eine dicke Beule.

Die Krabbe, die zierliche, die Wespe, die emsige, die Möwe, die kläräugige, und der Igel, der pfiffige – sie alle haben den Affen nicht mehr wiedergesehen. Sie setzten sich friedlich unter den Kaki-Baum, eine Wegstunde weit vom Meer entfernt. Jedes Jahr zur Erntezeit warf er ihnen seine saftigen Früchte hinunter. Und sooft die Sonne brannte, schenkte er ihnen kühlen Schatten.

Momotaro, der Pfirsichjunge

In einem kleinen japanischen Bergdorf lebten einmal vor langer Zeit ein Mann und eine Frau. Nichts wünschten die beiden sich sehnlicher als ein Kind.

Eines Tages ging der Mann in den Wald, um Reisig für die Feuerstelle zu holen. Unterwegs dachte er: Hätten wir ein Kind, könnte ich es mit in den Wald nehmen. Es würde unter den Bäumen spielen, während ich Reisig sammle.

Und die Frau dachte, als sie zum Fluß ging, um Wäsche zu waschen: Hätten wir ein Kind, könnte ich es mit zum Fluß nehmen. Es würde am Ufer spielen, während ich wasche.

Als sie von ihrer Arbeit aufschaute, sah sie auf den silberblauen Kräuselwellen einen großen Pfirsich daherschwimmen. Weil die Zeit, in der an den Berghängen die Pfirsiche reiften, noch nicht gekommen war, wunderte sie sich. Sie hielt sich an den herabhängenden Zweigen einer Weide fest und beugte sich über den Fluß, bis es ihr gelang, den Pfirsich zu greifen. Er hatte eine rosige, samtweiche Haut und duftete so süß, daß sie sogleich das Verlangen überkam, ihren Durst damit zu stillen.

Dann aber dachte sie: Mein Mann wird gewiß ebenso durstig sein wie ich, wenn er aus dem Wald heimkehrt. Und da sie beide gewohnt waren, alles miteinander zu teilen, legte sie den Pfirsich obenauf in den Wäschekorb und nahm ihn mit nach Hause.

»Sieh, was ich mitgebracht habe«, sagte die Frau, als der Mann am Abend das Reisigbündel vor der Hütte ablud. Doch noch bevor sie den Pfirsich teilen konnten, teilte er sich vor ihren Augen ganz von selbst. Und aus dem Kern kam ein kleiner Junge hervor mit dichtem, schwarzem Haar, flinkspähenden Augen und einer pfirsichfarbenen Haut. Er war so winzig

klein, daß er bequem auf der Innenfläche einer Hand sitzen konnte; erst in der Hand der Frau, dann in der Hand des Mannes, und dann wieder in der Hand der Frau. So glücklich waren sie beide. Von nun an galt ihre ganze Sorge Momotaro, dem Pfirsichjungen.

»Den nahrhaftesten Hirsebrei von ganz Japan wollen wir für ihn kochen«, versicherte die Frau.

»Die kräftigste Fischsuppe von ganz Japan soll er essen«, versicherte der Mann.

So geschah es.

Momotaro aß Hirsebrei und löffelte Fischsuppe.

Doch kaum hatte er den Hirsebrei gegessen, gleich wurde er so groß wie das Schälchen, aus dem der Hirsebrei duftete. Und kaum hatte er die Fischsuppe gelöffelt, gleich wurde er so groß wie die Schüssel, aus der die Fischsuppe duftete. Er wuchs und wuchs. Bald war er so groß wie andere Kinder in seinem Alter.

Er lief mit dem Vater in den Wald, spielte unter den Bäumen und half ihm beim Reisigsammeln. Er ging mit der Mutter zum Fluß, spielte am Ufer und half ihr, den Wäschekorb zu tragen. Seine Kräfte nahmen zu von Tag zu Tag, eines Morgens riß er im Übermut eine Kiefer aus und trug sie auf der Schulter davon.

Als er fünfzehn Jahre alt war, sagte er zu den Eltern: »Ich mag nicht mehr nur immer Reisig sammeln und Wäschekörbe tragen. Erlaubt mir, daß ich aufbreche zur Insel Onigashima, wo die bösen Geister wohnen. Ich will sie besiegen.«

Die Eltern erschraken. Zugleich aber waren sie stolz auf ihren Sohn, sie bewunderten seinen Mut, denn es galt als gefährlich, die Insel Onigashima zu betreten. Kein Mensch hatte es bisher gewagt. Und kein Mensch hatte die Oni je überwunden.

Die Eltern überlegten, wie sie ihrem Sohn beistehen könnten. Momotaro aber drängte immer ungeduldiger zum Aufbruch. Da gab ihm der Vater zum Abschied das Schwert, das schon der Großvater getragen hatte. Da gab ihm die Mutter einen Beutel mit Reisklößen als Wegzehrung.

»Es sind die besten Reisklöße von ganz Japan«, sagte sie.

Momotaro bedankte sich bei den Eltern, nahm Schwert und Reisklöße und zog davon. Der Weg war weit. Er führte über sieben Berge, durch sieben Täler bis hin zum Meer. Die Sonne brannte in der Mittagsglut, und der Schweiß rann Momotaro über Stirn und Nacken.

Als er einen Tag lang unterwegs war, begegnete er auf der Straße, die zu den Reisfeldern führte, einem weißen Hündchen mit spitzen Zähnen.

»Kej, kej«, begrüßte ihn das Hündchen, »wohin des Wegs?«

»Zur Insel Onigashima, wo die bösen Geister wohnen. Ich will sie besiegen«, antwortete Momotaro.

»Was trägst du in deinem Beutel?«

»Die besten Reisklöße von ganz Japan!«

»Gib mir einen Kloß«, bat das weiße Hündchen mit den spitzen Zähnen, »dann gehe ich mit dir.«

Momotaro reichte ihm einen Kloß. Das Hündchen verzehrte ihn. Dann zogen sie gemeinsam weiter: Momotaro, der Pfirsichjunge, und das weiße Hündchen mit den spitzen Zähnen.

Als sie einen Tag lang gewandert waren, begegnete ihnen im

25

Schatten eines Zedernhains ein Affe mit fahlgrauem Fell und scharfen schwarzen Krallen.

»Kya, kya«, begrüßte sie der Affe, »wohin des Wegs?«

»Zur Insel Onigashima, wo die bösen Geister wohnen. Ich will sie besiegen«, antwortete Momotaro.

»Was trägst du in deinem Beutel?«

»Die besten Reisklöße von ganz Japan!«

»Gib mir einen Kloß«, bat der Affe mit dem fahlgrauen Fell und den scharfen schwarzen Krallen, »dann gehe ich mit euch.«

Momotaro reichte ihm einen Kloß. Als der Affe ihn verzehrt hatte, zogen sie gemeinsam weiter: Momotaro, der Pfirsichjunge, das weiße Hündchen mit den spitzen Zähnen und der Affe mit dem fahlgrauen Fell und den scharfen schwarzen Krallen.

Als sie nun wieder einen Tag lang unterwegs waren, begegnete ihnen am Ufer eines wilden Bergbaches ein Fasan mit orangerotem Federkleid und einem schneeweißen Schnabel.

»Keen, keen«, begrüßte sie der Fasan, »wohin geht ihr?«

»Zur Insel Onigashima, wo die bösen Geister wohnen. Ich will sie besiegen«, antwortete Momotaro.

»Was trägst du in deinem Beutel?«

»Die besten Reisklöße von ganz Japan!«

»Gib mir einen Kloß«, bat der Fasan mit dem orangeroten Federkleid und dem schneeweißen Schnabel, »dann gehe ich mit euch.«

Momotaro reichte ihm einen Kloß. Als der Fasen ihn verzehrt hatte, gingen sie gemeinsam weiter: Momotaro, der Pfirsichjunge, das weiße Hündchen mit den spitzen Zähnen, der Affe mit dem fahlgrauen Fell und den scharfen schwarzen Krallen und der Fasan mit orangerotem Federkleid und dem schneeweißen Schnabel.

Über die sieben Berge, durch die sieben Täler gelangten sie schließlich ans Meer. Ein gewaltiger schwarzer Felsen ragte aus dem Wasser auf. Das war die Insel Onigashima. Am Strand lag ein Boot, aus groben Planken zusammengefügt.

Sie warteten, bis es dunkelte und die Insel ihren Mondschatten über das Meer warf. In seinem Schutz ruderten sie mit leisen Schlägen unbemerkt nach Onigashima hinüber, banden das Boot am felsigen Ufer fest und betraten die Insel.

Das Hündchen lief voraus. Der Affe folgte ihm. Der Fasan flatterte ihm nach, bis sie ein Tor im Felsen erspähten, den Eingang zur Höhle der Oni.

»Kej, kej«, kläffte der Hund.

»Kya, kya«, frohlockte der Affe.

»Keen, keen«, krächzte der Fasan.

Momotaro aber schlug mit dem Schwert gegen das Tor: »Don, don!«

Das Tor sprang auf. Sofort waren die Ankömmlinge umringt von den Wächtern der Höhle, unzähligen kleinen, bösen Oni mit rotzotteligen Haarmähnen. Das wimmelte, keifte, kreischte, fauchte durcheinander. Das schlug und stach und biß und kratzte und würgte!

Doch schlagen und stechen – das konnte Momotaro erst recht mit seinem scharfen Schwert. Und beißen konnte das Hündchen mit den spitzen Zähnen. Und kratzen und würgen, das konnte der Affe mit den schwarzen Krallen. Und der Fasan hackte mit seinem schneeweißen Schnabel auf die rotzotteligen Oni ein, furchtlos und unerbittlich.

So schlugen und stachen und bissen und kratzten und würgten und hackten sie sich den Weg in die Tiefe der Höhle frei. Deren Wände waren aus reinem Gold und Silber und Edelgestein.

Auf Matten aus Reisstroh saßen die Anführer der rotzotteligen Oni und hielten ein Trinkgelage. Es waren große, blauzotteligen Oni, schwarzgehörnt.

Als sie sahen, was den rotzotteligen Oni geschehen war, sprangen sie auf und stürzten sich in den Kampf. Doch es erging den großen Oni nicht anders als den kleinen.

Momotaro schwang sein Schwert. So anhaltend, so kraftvoll er auch kämpfte, sein Arm ermüdete nicht.

Ein besonders zorniger Oni, der oberste aller bösen Gei-

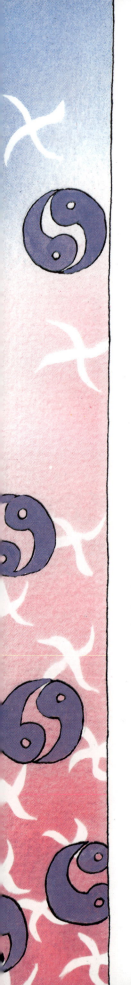

ster, umklammerte ihn, warf ihn zu Boden, fiel immer wieder über ihn her, und immer wieder. Doch Momotaro bezwang auch ihn, den tückischsten, den hinterhältigsten, den schlimmsten aller bösen Geister.

Schließlich wand sich der Oni auf dem Boden der Höhle und winselte und flehte: »Halt ein! Halt ein! Du hast gesiegt! Nimm alle unsere Schätze, das Gold, das Silber, die Edelsteine! Nur laß mir mein Leben!«

Da stand Momotaro, der Pfirsichjunge, und sah sich um.

Da standen das Hündchen, der Affe und der Fasan und sahen sich um.

Und sie sahen die bösen Geister besiegt am Boden liegen. Sie nahmen von den Schätzen, was sie tragen konnten. Auch den Beutel, in dem die Reisklöße gewesen waren, füllten sie bis zum Rand.

Dann traten sie den Heimweg an, zurück durch sieben Täler, über die sieben Berge. Als sie den rauschenden Bergbach erreichten, nahm der Fasan Abschied, im schattigen Zedernhain der Affe und auf der Straße, die zu den grünen Reisfeldern führte, das Hündchen.

Das letzte Stück des Weges bis zu dem kleinen Bergdorf hin zog Momotaro allein. Er fand die Eltern wartend und berichtete ihnen, was sich zugetragen hatte, und schenkte ihnen all die erworbenen Schätze.

Manchmal an hellen Sommerabenden zur Kirschblütenzeit kamen sie zu Besuch: das weiße Hündchen mit den spitzen Zähnen, der Affe mit dem fahlgrauen Fell und den scharfen schwarzen Krallen, der Fasan mit dem orangeroten Federkleid und dem schneeweißen Schnabel.

Dann saßen sie alle beisammen, und die Mutter kochte Reisklöße, die besten von ganz Japan.

Tomo und Giri

Am Strand von Yaga gab es einen jungen Fischer, der hieß Tomo. Seine Mutter starb, als er noch ein kleiner Junge war. Seitdem lebte Tomo allein mit seinem Vater. Und weil der Vater ein Mann war, der keine Trübsal kannte, schenkte auch Tomo jedem Tag ein freundliches Gesicht.

Gingen sie zusammen durchs Dorf, blickten die Nachbarn ihnen nach und sagten: »Es ist eine Freude zu sehen, wie gut die beiden sich verstehen.«

Alles taten die zwei gemeinsam. Sie fuhren zusammen zum Fischen hinaus aufs Meer; sie saßen am Strand und flickten die Netze; sie trugen die Körbe, gefüllt mit silberhäutigen Makrelen, zum Markt. Auch die kleine, windschiefe Hütte, in der sie lebten, säuberten sie so: Der eine hängte die Schlafdecken in die Sonne, der andere schüttelte die Strohmatten aus.

Am Abend hockten sie auf der Schwelle und schwatzten.

»Hai, Tomo«, sagte der Vater und zwinkerte Tomo zu.

»Hai, Vater«, antwortete Tomo und zwinkerte zurück.

So vergnügt waren sie miteinander.

Auf dem Dach der Hütte blühten rote Ringelblumen. Es sah aus, als hätte die Hütte eine Krone aufgesetzt, eine rote Ringelblumenkrone.

Die Jahre vergingen.

Die Schritte des Vaters wurden langsamer, seine Arme kraftloser.

Immer öfter ruderte Tomo allein hinaus aufs Meer. Immer seltener trugen sie die Körbe mit Makrelen gemeinsam zum Markt.

Eines Abends sagte der Vater: »Höre, Tomo, mein Sohn! Es kommt die Zeit, wo ich nicht mehr bei dir sein werde. Wenn es soweit ist, dann zaudere nicht lange und nimm dir die braun-

äugige Giri aus dem Nachbardorf zur Frau. Ihre Eltern sind rechtschaffene Leute, so wird auch die Tochter rechtschaffen sein.«

Tomo befolgte den Rat. Als der Vater gestorben war, heiratete er die braunäugige Giri.

Bald zeigte sich, daß er eine gute Wahl getroffen hatte. Giri war flink und umsichtig. Sie wusch und kochte, sie hängte die Schlafdecken in die Sonne und schüttelte die Strohmatten aus.

Tomo bemerkte es und bemerkte es auch nicht. Er fand keine Freude an Giri. So ausschließlich fühlte er sich mit dem Vater verbunden, daß ihm die Tage ohne ihn leer erschienen. Wenn der Abend kam, hockte er allein vor der Hütte, und Giri wagte es nicht, sich unaufgefordert zu ihm zu setzen.

Die roten Ringelblumen auf dem grasüberwucherten Dach blühten und welkten. Je mehr Zeit verging, um so sehnlicher wünschte sich Tomo, den Vater noch einmal wiederzusehen.

Da geschah eines Tages etwas, das in ihm eine Hoffnung wachrief. Als er am Morgen mit seinen Fischkörben zum Markt ging, begegnete er einem Händler.

»He, Tomo, lauf ein bißchen schneller«, ermunterte ihn der Händler, »dann hörst du, was die Diener des Fürsten eben auf

31

dem Markt ausrufen. Der Fürst will demjenigen einen Wunsch erfüllen, dem es gelingt, ein Seil aus Asche herzustellen.«

»Ein Seil aus Asche«, antwortete Tomo ungläubig, »das kann es nicht geben.« Doch die Nachricht ging ihm nicht aus dem Sinn. Schließlich kam ihm ein Gedanke. Kaum war er nach Hause zurückgekehrt, nahm er ein Bootsseil aus dem Schuppen, legte es auf ein Brett, verbrannte das Seil und brachte es behutsam, damit es nicht zerfiel, samt dem Brett zum Fürsten.

Der Fürst besah das Seil und prüfte es von allen Seiten.

»Du bist ein Bursche nach meinem Sinn«, lobte er. »Andere, die vor dir hier waren, nahmen Asche und versuchten, daraus ein Seil zu formen. Das konnte nicht gelingen. Du aber verbranntest das Seil, damit es zu Asche wurde. Das ist das einfachste. Doch niemand außer dir ist daraufgekommen. Deshalb nenne mir deinen Wunsch, ich werde ihn erfüllen.«

Tomo nannte seinen Wunsch, den einzigen, übermächtigen. Er wollte noch einmal den Vater sehen.

»Einen Menschen, der für immer gegangen ist, wiedersehen«, antwortete der Fürst, »das kann es nicht geben.« Doch Tomos Bitte ging ihm nicht aus dem Sinn. Schließlich kam ihm ein Gedanke.

Er öffnete einen Schrank und entnahm ihm ein Kästchen aus mattschimmerndem Perlmutt. In dem Kästchen lag ein Spiegel, wie in jener Zeit nur Fürsten ihn besaßen. Weder Tomo noch ein anderer Fischer am Strand von Yaga hatte je einen Spiegel gesehen.

Der Fürst übergab Tomo das Kästchen. Er vertraute darauf, daß ein Sohn, der seinem Vater so innig verbunden war wie Tomo, bald auch selbst die Züge des Vaters annahm und ihm ähnlicher wurde von Tag zu Tag. Deshalb sagte er zu ihm: »Höre meinen Rat und befolge ihn gut. Verwahre das Kästchen und öffne es erst nach geraumer Zeit. Dann wird dir dein Vater daraus entgegenblicken.«

Tomo bedankte sich. Er verbeugte sich wieder und wieder.

32

Dann kehrte er nach Hause zurück. Sorgsam versteckte er das Kästchen im Schuppen neben der Hütte unter einem alten Fischernetz und freute sich zuversichtlich auf den Tag, an dem er den Vater wiedersehen sollte.

Nach geraumer Zeit, wie der Fürst ihm aufgetragen, schlich er zum Schuppen und nahm das Kästchen aus dem Versteck.

Als er es öffnete, fand er darin eine Scheibe aus blankem Metall, und aus dem Spiegel des Metalls blickte ihm wahrhaftig sein Vater entgegen.

Der Vater war genauso freudig erschrocken wie Tomo auch. Als Tomo ihm zuzwinkerte, zwinkerte er zurück. Sie lachten und schwatzten miteinander, wie sie es früher getan hatten.

Von nun an ging Tomo jeden Tag heimlich in den Schuppen. Und jeden Tag kehrte er wohlgelaunter und heiterer zurück.

Die braunäugige Giri bemerkte es wohl. Tomo tat Dinge, die sie bisher an ihm nicht kannte.

»Hai, Giri«, sagte er eines Abends, als er sich vor die Hütte hockte.

»Hai, Tomo«, gab sie zurück und hockte sich neben ihn.

Zum ersten Mal gefiel es ihm, daß Giri neben ihm saß, und Giri hatte ihre Freude an Tomo.

So hätte es bleiben sollen. Doch bald schon fiel ein Schatten auf Giris Freude. Was treibt er so oft in dem Schuppen, dachte sie argwöhnisch, und weshalb kehrt er jedes Mal so frohgemut zurück? Das will ich herausfinden.

Eines Morgens, als Tomo die Hütte verlassen hatte und seiner Arbeit nachging, huschte sie in den Schuppen. Dort fand sie, unter dem Fischernetz verborgen, das Kästchen mit dem Spiegel. Als sie hineinschaute, blickte ihr eine braunäugige Frau entgegen, die Giri nicht kannte. Die Fremde sah Giri erschrocken an. Als Giri zornig die Hand gegen sie erhob –, gleich hob auch die Fremde die Hand gegen Giri.

Verstört legte Giri das Kästchen in sein Versteck zurück und lief aus dem Schuppen.

Als Tomo heimkehrte, überschüttete sie ihn mit Vorwürfen.

»Du hast eine fremde Frau im Schuppen verborgen«, rief sie, »sie ist jung und braunäugig und war erschrocken, als sie mich sah.«

Tomo widersprach.

»Nie hat es eine fremde Frau im Schuppen gegeben!« antwortete er empört.

»Du lügst!« gab Giri zurück.

Ein Wort erschlug das andere. Zum ersten Mal gab es einen Streit in der kleinen, windschiefen Hütte; einen Streit, der immer heftiger wurde und bis zu den Nachbarn hin zu hören war. Sie kamen herbeigelaufen. Doch da sie beiden gleichermaßen zugetan waren, Giri ebenso wie Tomo und Tomo ebenso wie Giri, sahen sie einander ratlos an und fragten sich, wem von beiden sie glauben sollten.

»Wir wissen nicht, wie wir euch helfen können«, gestanden sie. »Doch nicht weit von hier, im Wald der tausend Zedern, liegt das Kloster von Yaga. Dorthin geht und verlangt die Äbtissin, die ehrwürdige Vorsteherin des Klosters, zu sprechen. Sie ist so weise, daß sich unter ihrem Lächeln die Wogen des Meeres glätten. Sie wird auch euren Streit schlichten.«

Noch am gleichen Tag machten Tomo und Giri sich auf den Weg. Schweigend gingen sie nebeneinander her. Um die Mittagszeit erreichten sie den Wald der mächtigen, tiefschattigen Zedern. Das Geklapper ihrer Holzsohlen auf den weißen Quadersteinen des Klosterhofes verkündete ihre Ankunft. Sie traten vor die Äbtissin hin, und sogleich entfachten sie ihren Streit von neuem. Giri beschuldigte Tomo, und Tomo beschuldigte Giri. Und jeder beteuerte aufrichtig, was der Spiegel ihm offenbart hatte.

Die Äbtissin hob beschwichtigend die Hand. Dann ließ sie sich das Kästchen mit dem Spiegel reichen. Darin sah sie weder das Gesicht eines Mannes, dessen Augen ihr zuzwinkerten, noch eine junge braunäugige Frau. Sie erblickte darin den eigenen kahlgeschorenen Kopf. Mit einem seltsamen Lächeln wandte sie sich an Tomo.

»Höre, Tomo, Sohn des Fischers, was ich dir zu sagen habe.

Dein Vater möchte, daß ihr von nun an allein miteinander zurechtkommt, deshalb ist er gegangen.«

Und zu Giri sagte sie: »Höre, Giri, Frau des Tomo, was ich dir zu sagen habe. Die junge Frau bereut, was sie tat, und wünscht zum Zeichen ihrer Reue fortan hier im Kloster zu bleiben.«

Damit entließ sie Tomo und Giri und behielt den Spiegel.

Nachdenklich und von Stunde zu Stunde fröhlicher gingen die beiden heim.

»Hai, Giri«, sagte am Abend Tomo zu Giri und zwinkerte ihr zu.

»Hai, Tomo«, antwortete Giri und zwinkerte Tomo zu.

Dann hockten sie vor der Hütte, lachten und schwatzten miteinander.

Auf dem Dach blühten rote Ringelblumen.

Urashima Taro

In einem kleinen japanischen Fischerdorf lebte vor vielen, vielen Jahren ein Fischer mit seiner Frau. Er hieß Urashima. Als sie einen Sohn bekamen, nannten sie ihn Urashima Taro, Sohn der Meeresinsel.

Jeden Morgen in der Stunde des fahlen Lichts zwischen Nacht und Tag fuhr der Vater mit den anderen Fischern des Dorfes hinaus aufs Meer. Wenn dann die Sonne aufging und der Bergkuckuck rief, nahm die Mutter Taro auf den Rücken und ging mit ihm aus der Hütte am Hang durch den Pinienwald hinunter zum Strand. Dort warteten sie auf die Heimkehr des Vaters. Die Mutter setzte Taro im Schutz der Pinien in den weißen Sand. Taro spielte mit Muscheln. Die Möwen kamen vom Meer herüber und hockten sich neben ihn.

Viele Gesichter hatte das Meer, nie glich eines dem anderen. Einmal war es von Wellen zerfurcht, graugrün und grollend. Dann wieder lag es silberhell und durchsichtig in der Sonnenflut. An einem solchen Tag war es; da nahm die Mutter Taro auf den Schoß und erzählte ihm von dem Schloß tief unten auf dem Meeresgrund. Dort wohnte der König der Meere, Riugu, mit seiner Tochter, Prinzessin Otohime. Den Eingang zum Schloß säumten Säulen aus roten Korallen; die Wände glitzerten wie Kristall; schillernde Schalen aus Perlmutt bedeckten die Dächer. Die Straßen aber waren aus Perlen gefügt und strahlten in seltsamem Glanz.

Taro saß still auf dem Schoß der Mutter und schaute ins Meer. Die Sonne stieg höher. Gelbe Zacken umrandeten die dunklen Felsen. Der Vater kehrte vom Fischfang heim. Die Mutter half ihm, die Körbe zum Strand zu tragen. Bald kannte Taro alle Fischarten: die Seebrassen, die silberhäutigen; die Krebse, die rotschaligen; die Krabben, die lachsfarbenen.

36

Als Taro sieben Jahre alt war, nahm der Vater ihn das erste Mal mit zum Fischfang. Die Mutter packte ihnen Reisklöße ein, getrockneten Fisch und gesäuerte Pflaumen dazu. Im Morgengrauen fuhren sie hinaus.

Als sie die Fischgründe erreichten, warfen sie das Netz aus. Taro beugte sich über den Rand des Bootes. Das Wasser war hier klarer als das Wasser am Strand. Fische stiegen aus den blaugrünen Gründen, glitten am Boot vorüber und schnellten zurück in die Tiefe. Hinter leuchtenden Korallenriffen suchte Taro das Schloß des Königs Riugu.

Lautlos zog der Vater die Ruder ein. Sie saßen und schwiegen, aßen Reisklöße und spürten den Wind auf der Haut.

»Es wird ein guter Fang«, sagte der Vater. Als sie das Netz bargen, war es ein guter Fang.

Zwischen den Fischen, den großen und kleinen, fand Taro eine Schildkröte von ungewöhnlicher Art. Sie war nicht größer als die Innenfläche seiner Hand. Noch nie hatte er eine so kleine Schildkröte gesehen. Sie trug einen kiesfarbenen Panzer. Ihre Augen schimmerten grün wie Meeresalgen. Sie gefiel

ihm so gut, daß er sie in einen Holzeimer setzte, um sie mit nach Hause zu nehmen.

Die Schildkröte zappelte angstvoll und stieß gegen die Wand des Eimers.

»Laß mich zurück ins Meer«, bat sie. »In deinem Holzeimer muß ich sterben.« Ihre Stimme war leise wie der Morgenwind über dem Wasser. Taro wollte sich nicht von ihr trennen.

»Ich hätte so gern mit dir gespielt«, antwortete er, »aber wenn es dich traurig macht, setze ich dich ins Wasser zurück.«

Er hob den Eimer über den Rand des Bootes und sah ihr nach, als sie davonschwamm. Noch am Abend vor dem Einschlafen dachte er an ihre grünschimmernden Augen.

Immer seltener hielt es Taro am Strand im Schutz der Pinien. Er stand bei den Fischern und sah zu, wie sie die Netze aufhängten und die kleinen Fische zum Trocknen auslegten. Tat einer der Fischer einen Handgriff, den er noch nicht kannte, gleich wollte er selbst ihn tun.

Er watete im Wasser, schwamm und tauchte. Immer weiter trieb ihn sein Verlangen, immer weiter. Dann wieder saß er reglos im Boot und schaute hinunter ins Meer.

Als er ein junger Mann war, begann er seine Eltern zu umsorgen, wie sie ihn in seiner Kindheit umsorgt hatten. Er fuhr allein zum Fischen hinaus. Der Vater blieb am Strand zurück und flickte die Netze. Wenn Taro heimkehrte, stand der Vater wartend am Steg. Taro brachte ihm die Körbe mit dem Fang, und die Mutter verkaufte die Fische auf dem Markt.

So ging es viele Jahre. Das Leben war karg, doch Taro liebte die Arbeit; er liebte das kleine Fischerdorf, den Pinienwald und die Hütte am Hang.

»Fahr nicht hinaus morgen früh«, bat die Mutter eines Abends. »Die Felsen werfen dunkle Schatten über das Meer.«

Als aber die Stunde zwischen Nacht und Tag anbrach, war Taro schon unterwegs.

Keiner der anderen Fischer wagte die Fahrt.

»Komm zurück!« riefen sie.

Das Wasser wälzte sich schäumend an die Felswände. Taro stemmte sich dem Wind entgegen und ruderte kräftiger. Als er die Fanggründe erreichte, erhob sich ein Sturm. Dunkel wurde der Himmel. Dumpf grollte das Meer.

Riesige Wogen rollten auf Taro zu. Sie rissen das Boot mit sich fort, begruben es und schleuderten es wieder nach oben. Die Ruder zerbrachen. Taro stürzte in die Tiefe.

Als er zu sich kam, saß er auf dem breiten Rücken einer Schildkröte. Sie war so groß und ihr Panzer so breit, daß Taro sich darauf ausstrecken konnte. Moos wuchs auf dem Panzer. Meeresalgen umschlangen ihn. Sie mußte tausend Jahre alt und älter sein.

Taro hielt sich mit beiden Händen an dem grauschwarzen Panzer fest.

»Ich habe auf dich gewartet«, sagte die Schildkröte, »du bist Taro, der Sohn der Meeresinsel, der meiner Herrin das Leben rettete. Sie hat mich ausgeschickt, dir zu helfen und dich zu ihr zu führen.« Sie trug Taro aus dem tosenden Meer in seltsam grüne Gewässer tief unten auf dem Meeresgrund. Die grünen Gewässer wichen zurück. Taro atmete leicht und frei.

Vor ihm lag ein prächtiges Schloß. Den Eingang zum Schloß säumten Säulen aus roten Korallen. Die Wände glitzerten wie Kristall. Schillernde Schalen aus Perlmutt bedeckten die Dächer. Die Straßen aber waren aus Perlen gefügt und strahlten in seltsamem Glanz.

»Wo sind wir?« fragte er.

Die Schildkröte antwortete: »Gleich wirst du Prinzessin Otohime gegenüberstehen. Sie war es, der du das Leben gerettet hast. Einmal im Jahr nimmt sie die Gestalt einer kleinen Schildkröte an. Doch weil sie sich zu weit vom Meeresgrund fortwagte, ist sie ins Netz geraten.«

Sie schwamm auf einen dicken, rotschaligen Krebs zu, der vor dem Portal des Schlosses saß. Mit seinen purpurnen Fangarmen öffnete er das Tor.

Prinzessin Otohime trat Taro entgegen. Sie trug ein Kleid aus Meeresschaum und eine Perlenkrone im Haar.

»Erkennst du mich?« fragte sie.

An ihren grünschimmernden Augen erkannte er sie. Der dicke, rotschalige Krebs geleitete Taro zum König der Meere, Riugu.

»Du kannst ihn nicht sehen«, erklärte er unterwegs. »Kein menschliches Wesen hat ihn je erblickt.«

Vor einem wallenden Vorhang, aus Meeresalgen und Seetang gewirkt, verneigte sich der Krebs. Obwohl Taro den König nicht sah, hörte er doch deutlich dessen Stimme, dunkel und dröhnend wie Meeresgrollen. Mit dieser dröhnenden Stimme befahl König Riugu, ein Fest auszurichten und Taro willkommen zu heißen.

Taro saß neben der Prinzessin. Sie aßen und tranken aus schillernden Schalen. Fische umtanzten sie in festlichem Zug. Voran feierlich in wiegendem Schritt die Schildkröten, die tausendjährigen in grauschwarzen Panzern. Dann folgten die Tintenfische, die Dorsche. Sie wippten im Takt mit den Schwänzen, von Seebrassen umtänzelt. Schwärme von kleinen Silberfischen schlossen sich an im wirbelnden Reigen. Am Ende des Zuges aber wackelte der dicke, rotschalige Krebs an der königlichen Tafel vorüber und schwang seine purpurnen Fangarme. Das Fest ging zu Ende.

Die Prinzessin erhob sich und führte Taro in die blühenden Königsgärten. Der junge Fischer lebte wie in einem Rausch. Er dachte nicht mehr an die Eltern, das Dorf und die Hütte am Hang. Als die Prinzessin ihn fragte, ob er bei ihr bleiben wolle, willigte er ein.

Er vergaß die Zeit und sich selbst. Ein Tag war schöner als der andere. Wie viele Tage vergingen, wußte er nicht zu sagen. Er wußte auch nicht, wie es geschah: plötzlich überkam ihn Erinnerung.

Er sehnte sich zurück nach den Menschen.

Und er erschrak.

Eines Morgens sagte er zu der Prinzessin: »Laß mich ziehen. Meine Eltern stehen am Strand. Viel zu lange warten sie schon.«

Da nahm sie aus dem weiten Ärmel ihres Kleides ein Kästchen und gab es ihm. Der Rand des Kästchens war mit Korallen besetzt.

»Versprich mir, es nie zu öffnen«, sagte sie. »Wenn du sein Geheimnis wahrst, hat es die Kraft, dich zu mir zurückzubringen.«

Er barg das Kästchen sorgsam in seiner Kutte und versprach, worum sie ihn gebeten hatte. Dann nahm er Abschied.

Die Prinzessin begleitete ihn bis zum Portal des Schlosses. Dort wartete die Schildkröte, die tausendjährige mit dem grauschwarzen Panzer. Den gleichen Weg, auf dem sie Taro hergeleitet hatte, schwamm sie mit ihm davon durch die grünen Gewässer zu den dunklen Meeresgründen und von dort hinauf zum Strand des kleinen Fischerdorfes.

»Sayonara«, sagte sie, »wenn es denn sein muß.«

Taro sah vor sich das Dorf. Doch die Eltern standen nicht wartend am Strand. Er lief durch den Pinienwald zur Hütte am Hang. Doch die Hütte war nicht mehr da. Dichtes Ge-

strüpp wucherte, wo sie gestanden hatte. Nichts war mehr, wie Taro es verlassen hatte. Er rannte ins Dorf. Unterwegs begegnete er Fischern. Sie blieben stehen und grüßten ihn.

»Guten Tag, Fremder.«

Taro nannte seinen Namen. Doch die Fischer kannten ihn nicht.

»Es gab einmal einen Urashima Taro«, sagte der älteste unter ihnen, den er befragte. »Er fuhr zum Fischen aufs Meer hinaus und kehrte nicht zurück. Nur sein Boot trieb ruderlos auf den Wellen. Meine Mutter hat mir von ihm erzählt, als ich ein Kind war. Doch da war die Geschichte schon hundert und über hundert Jahre alt. Dieser Urashima Taro kannst du nicht sein.«

Taro irrte durch den Tag.

Als die Sonne sank, ging er hinunter zum Strand und setzte sich im Schutz der Pinien in den weißen Sand.

So saß er lange. Dann nahm er das Kästchen aus seiner Kutte. Er öffnete es behutsam und ohne Hast. Ein grünschimmernder Rauch stieg aus dem Kästchen auf und verging. Im gleichen Augenblick verdorrte die Hand, die das Kästchen hielt. Aus dem jungen Urashima Taro wurde ein steinalter Greis. Fischer fanden ihn am Abend tot am Strand.

Seither erzählen sie den Kindern, Urashima Taro, der Sohn der Meeresinsel, sei zurückgekehrt.

Der Steinhauer

Es lebte einmal ein Steinhauer. Er schlug Steine aus dem Felsen, bearbeitete sie und machte daraus steinerne Laternen, Türschwellen oder Grabplatten, die er dann verkaufte. Abends saß er vor seiner Hütte, ruhte vom schweren Tagwerk aus und war zufrieden.

In der Nähe des Felsens wohnte ein Berggeist. Weil er aber nur unzufriedene Menschen aufsuchte, waren die beiden bisher einander nicht begegnet.

Eines Tages brachte der Steinhauer eine Laterne zu einem reichen Kaufmann hin, der lag in einem Bett mit rotseidenen Vorhängen. Noch nie hatte der Steinhauer ein so fein gesponnenes Gewebe gesehen.

Wäre ich doch ebenso reich wie dieser Kaufmann, dachte er, dann läge ich wie er in einem Bett mit seidenen Vorhängen.

Kaum hatte er das gedacht, vernahm er von fern die Stimme des Berggeistes, die sagte: »Du sollst ein reicher Kaufmann sein.«

Sogleich wurde aus dem Steinhauer ein reicher Kaufmann. Er schlief hinter rotseidenen Vorhängen, am Tag aber saß er vor seinem Haus und sonnte sich.

Es war ein warmer Tag. Die Sonne brannte. Da bemerkte der Steinhauer einen Fürsten, der mit seinem Gefolge am Haus vorüberzog. Sieben Diener hatten einen goldenschimmernden Schirm über das Haupt des Fürsten gespannt, um ihn vor den Strahlen der Sonne zu schützen. Noch nie hatte der Steinhauer einen so prächtigen Schirm gesehen. Und wieder trieb ihn das Verlangen. Wäre ich doch auch ein Fürst, dachte er, dann hätte ich sieben Diener und einen goldenschimmernden Schirm, der mir Schatten spendet in der Sonnenglut.

»Du sollst ein Fürst sein«, sprach die Stimme des Berggeistes.

Aus dem Steinhauer wurde ein Fürst. Sieben Diener begleiteten ihn und spannten einen goldenschimmernden Schirm über sein Haupt.

Doch das Land rundum lag in gleißender Sonnenglut. Mich vermag der goldenschimmernde Schirm wohl zu schützen, dachte der Steinhauer. Die Sonne aber verbrennt dennoch das Land. Sie ist mächtiger als ein Fürst. Ich will die Sonne sein.

»Du sollst die Sonne sein«, versprach der Berggeist.

Nun war der Steinhauer die Sonne und schickte Licht über Berge und Täler.

Nicht lange; da zog eine dunkle Wolke über den blauen Himmel hin. Sie wurde größer und größer. Näher schob sie sich an die Sonne heran und hatte sie bald ganz bedeckt. Der blaue Himmel wurde grau.

Die Wolke ist mächtiger als die Sonne, dachte der Steinhauer. Ich will die Wolke sein.

Und er wurde zur Wolke.

Plötzlich kam ein Sturm auf; er jagte übers Meer, riß Deiche und Dämme nieder und verwüstete das Land. Er vertrieb auch die Wolke. Der Sturm ist mächtiger noch als die Wolke, dachte der Steinhauer, ich will der Sturm, der Sturm will ich sein.

Der Berggeist erfüllte ihm auch diesen Wunsch.

Der Steinhauer wurde zum Sturm. Er riß Deiche und Dämme nieder und verwüstete das Land. Nur der Fels widerstand ihm.

Der Fels ist der Mächtigste, dachte der Steinhauer. Ich will der Fels sein.

Aus dem Steinhauer wurde der Fels, gewaltig und erhaben in Wind und Wetter.

Eines Tages vernahm er ein Hämmern und Schlagen. Ein Steinhauer war es, der trieb mit wuchtigem Hammer Keile in das Gestein, bis es brach und barst und in schweren Brocken zu Boden fiel.

So ein Mensch, dachte der Steinhauer, so ein Mensch bezwingt selbst den Fels, daß er bricht und birst. Ich will der Steinhauer sein.

So wurde er wieder zum Steinhauer und bezwang den Fels, Stunde um Stunde, Tag für Tag. Am Abend saß er vor seiner Hütte und ruhte vom schweren Tagwerk aus und war zufrieden.

Nie wieder hat er die Stimme des Berggeistes vernommen.

Der Brückenbauer

Zu einem Brückenbauer kam einmal vor langer Zeit ein Fremder von weit her.

»Du bist der berühmteste Brückenbauer«, sagte er. »Ich habe die beschwerliche Reise zu dir unternommen, um dich zu fragen, ob du uns helfen willst. Das Dorf, in dem ich wohne, liegt an einem reißenden Fluß. Jedesmal, wenn wir eine Brücke über den Fluß bauten, riß die Strömung sie wieder fort. Komm mit mir, dann wirst du sehen, daß wir ohne die Brücke verloren sind. Der Freund kann nicht hinüber zum Freund am anderen Ufer des Flusses, und die Früchte, die wir ernteten, bleiben ohne Käufer. Ohne die Brücke sind wir abgeschieden und einsam im engen Tal.«

Der Brückenbauer dachte: Da kommt ein Mann von so weit her und bittet mich um Hilfe. Ich will ihn nicht enttäuschen.

Er freute sich, daß der Fremde ihn den berühmtesten Brückenbauer genannt hatte, denn es tat ihm gut, daß seine Arbeit geschätzt wurde.

»Du hast recht«, sagte er, »ich verstehe mich aufs Brückenbauen wie kein zweiter. Es war ein guter Gedanke, mich aufzusuchen. Dein Weg soll sich gelohnt haben.«

Er verschloß sein Anwesen und folgte dem Fremden.

Gemeinsam erreichten sie das Dorf. Es lag abgeschieden und einsam im engen Tal zwischen steil aufragenden Felswänden. Die Hütten aus Bambusholz standen dicht aneinandergereiht, so daß es aussah, als schlängele sich eine Kette am Ufer des schäumenden Flusses hin.

Die Nachricht von der Ankunft des Brückenbauers verbreitete sich rasch. Die Bauern, die Holzfäller, die Frauen, die Kinder – alle kamen und begrüßten den Brückenbauer. Sie verneigten sich und feierten seine Ankunft so dankbar und ehrerbietig, als sei die Brücke bereits errichtet und alle Besorgnis habe ein Ende.

Auch der Brückenbauer genoß die Stunde. Viele Brücken hatte er gebaut, und keine glich der anderen. Eine jede entsprach genau dem Ort, an dem sie stand. Auch diesmal vertraute er seiner Geschicklichkeit. Der Zuspruch der Einwohner des Dorfes bestärkte ihn in seiner Zuversicht.

Gleich am nächsten Morgen, als der Tau noch auf den Gräsern lag, wollte er mit der Arbeit beginnen. Er ging allein am Fluß entlang und suchte nach der geeigneten Stelle, an der die Brücke stehen sollte. Lange suchte er, schritt flußaufwärts, kehrte zurück, prüfte und spürte, wie seine Bedenken zunahmen. Die Strömung des Flusses war so stark, daß er zu zweifeln begann, ob ihm sein Werk gelingen würde.

Er fand die Stellen, wo früher einmal Brücken gestanden hatten. Die Gewalt der Strömung hatte Pfähle und Planken zertrümmert. Unerreichbar erschien ihm das andere Ufer. Nie würde der Freund hinübergelangen zum Freund. Abgeschieden und einsam im engen Tal müßte das Dorf bleiben.

Worauf habe ich mich eingelassen, dachte der Brückenbauer. Wie konnte ich so vermessen sein, es mit diesem Fluß aufzunehmen?

Plötzlich hörte er ein mächtiges Schnaufen und Tosen. In der Mitte des Flusses entstand ein Wirbeln und Kreisen von peitschenden Wellen. Groß wie ein Riese erhob sich aus dem Wasser ein Dämon. Er schüttelte die triefende rote Haarmähne, prustete und schwang eine schwere Eisenstange so behend durch die Luft, als handle es sich um ein zierliches Bambusstöckchen. Aus seiner Stirn ragten zwei Hörner, massig wie Baumstämme. Mit seinen stampfenden Füßen hätte er den Brückenbauer zertreten können wie einen Wurm.

Der Mann erschrak.

»Höre«, sagte der Dämon, »verschwende deine Zeit nicht länger. Nie schaffst du es, eine Brücke zu bauen, die der Strömung des Flusses standhält. Ich mache dir einen Vorschlag:

Laß mich an deiner Stelle die Brücke errichten. Niemand wird es bemerken. Du bleibst der berühmte Brückenbauer. Die Einwohner des Dorfes bekommen ihre Brücke. Zum Lohn für meine Arbeit aber gibst du mir dein Augenlicht. Bedenke dich nicht lange, sonst bin ich verschwunden.«

Schon sah es aus, als wolle er in den Strudel zurückkehren.

»Warte, so warte doch!« rief hastig der Brückenbauer. Die Verlockung, das Angebot des Dämons anzunehmen, war groß. Freilich erwog er nicht eine einzige Sekunde lang, dem Dämon sein Augenlicht zu geben.

Hat er die Brücke erst gebaut, so dachte er, werde ich ihn schon wieder loswerden, und alles andere findet sich.

So willigte der Brückenbauer ein, und niemand bemerkte, daß nicht er, sondern der Dämon es war, der die Brücke baute. Die Kraft des Dämons war unermeßlich, der Brückenbauer war nicht mehr als ein Werkzeug in seiner Hand.

Als die Dorfbewohner am Abend von der Arbeit heimkehrten, stand die Brücke und griff festgefügt mit wuchtigen Planken von einem Ufer hinüber zum anderen.

Die Bauern, die Holzfäller, die Frauen, die Kinder – sie liefen, sie trippelten, sie tänzelten, sie stampften mit mutwilligen Schritten über die Brücke. Unter ihnen schäumten und tosten die Wellen des reißenden Flusses. Doch die Brücke hielt stand. Der Freund lief hinüber zum Freund.

Als es dunkelte, tauchte der Dämon aus den Tiefen des Flusses auf. Er trat vor den Brückenbauer hin und sagte: »Ich habe mein Versprechen gehalten. Nun halte du auch das deine und gib mir dein Augenlicht.«

Entsetzen packte den Brückenbauer, nun, da er die Kraft des Dämons kannte.

»Erbarme dich«, flehte er, »erbarme dich und laß mir meine Augen. Nimm mir einen Arm oder ein Bein. Aber laß mir mein Augenlicht.«

Der Dämon hatte einen grimmigen Spaß an der Angst des Brückenbauers. Und es gefiel ihm, noch eine Weile sein Spiel mit ihm zu treiben.

»Ich wüßte vielleicht einen Ausweg«, schnaufte er. »Wenn es dir gelingt, meinen Namen zu erraten, verzichte ich auf den Lohn und lasse dich laufen.« Er prustete vor Vergnügen, denn er war sicher, daß der Brückenbauer seinen Namen gewiß nicht erraten würde.

Rastlos irrte der Brückenbauer umher. Einen einzigen Tag hatte ihm der Dämon bewilligt. Wo sollte er an einem Tag unter den tausend und aber tausend Namen des Landes den richtigen herausfinden?

Der Tag verging. Der nächste brach an.

Der Brückenbauer hatte alle Hoffnung verloren.

Bei den Bauern im Dorf, den Holzfällern im Wald, den Frauen in den Hütten – überall hatte er sich umgehört. Alle hatte er nach dem Namen des Dämons befragt. Niemand konnte ihm helfen.

Die Stunde kam, in der er dem Dämon gegenübertreten mußte. Mutlos, mit zögernden Schritten ging er über den Dorfplatz, vorbei an den spielenden Kindern. Sie sangen beim Spiel einen Vers. Darin kam ein Name vor, den der Brückenbauer noch nie gehört hatte.

»Oni-roku, Oni-roku«, sangen die Kinder, »schüttelst

deine rote Mähne, schwingst den schweren Eisenstock, Oni-roku, Oni-roku…« Unbekümmert riefen die Kinder den Namen und klatschten vergnügt in die Hände.

»Oni-roku, Oni-roku«, so rief nun auch der Brückenbauer. Dann lief er nicht mehr mutlos mit zögernden Schritten, dann rannte er zum Fluß.

Eben tauchte der Dämon aus der Tiefe auf. Voll Genugtuung erwartete er sein Opfer. Er schüttelte die rote Mähne. Er schwang den Eisenstock. Er wollte den Brückenbauer zappeln lassen und sich weiden an dessen Angst.

»Nun«, frohlockte er, »die Frist ist abgelaufen. Nenne meinen Namen, oder gib mir dein Augenlicht.«

Der Brückenbauer tat, als zittere er vor Angst.

»Heißest du Taro?« fragte er kleinlaut.

Das Ungeheuer prustete vor Lust.

»So heißt kein Dämon!«

»Heißt du vielleicht Jiro?«

»So heißt kein Dämon, so heißt kein Dämon!«

»Heißt du vielleicht Saburo?«

»Nein, nein«, rief der Dämon. »Gib es auf, du wirst es nie erraten!«

Da fragte der Brückenbauer ein letztes Mal: »Heißt du Oni-roku?«

Im gleichen Augenblick, als er ihn beim Namen nannte, hatte der Dämon seine Macht über ihn verloren. Er versank im reißenden Fluß. Die Wellen schlugen über ihm zusammen. Nie hat der Brückenbauer ihn wiedergesehen.

Migi und Hidari

Es war einmal ein großer Wald. Und es war einmal ein kleines Dorf im großen Wald. In dem kleinen Dorf wohnten zwei Holzfäller.

Das gleiche Mißgeschick hatte sie beide getroffen. Eine häßliche Warze entstellte ihr Gesicht. Dem einen saß sie auf der rechten, dem anderen auf der linken Wange. Deshalb nannten die Nachbarn den einen Migi, das heißt: der, dem die Warze auf der rechten Wange sitzt, und den anderen Hidari: der, dem sie auf der linken Wange sitzt.

Migi war ein heiterer und geselliger Mann. Die Warze bekümmerte ihn wenig. Es bleibt mir noch genug, woran ich mich erfreuen kann, dachte er. Und wenn die Nachbarn sich über ihn lustig machten, so dachte er: Euer Spott soll mich nicht verdrießen. Er zog eine drollige Grimasse und lachte mit ihnen. Natürlich wäre es ihm lieber gewesen, es hätte diese Warze auf seiner Wange nicht gegeben. Doch da er es nicht ändern konnte, lebte er damit, so gut es ging.

Das gefiel der schönen Yoku. Wird er so unbeschwert damit fertig, dachte sie, ist er auch bei anderen Ärgernissen nicht kleinzukriegen. Bald hörten die Nachbarn auf, Migi zu necken, und die schöne Yoku wurde Migis Frau.

Anders erging es Hidari.

Die Warze auf seiner linken Wange verdroß ihn mehr und mehr. Wenn ihn jemand deshalb neckte, wurde er zänkisch und unausstehlich. Das schlimmste war, daß ihn bald nichts mehr erfreuen konnte. Die Nachbarn mieden ihn. Und eine Frau ließ sich für ihn auch nicht finden. Er sann immer nur darüber nach, wie er die Warze loswerden könnte. Am meisten ärgerte er sich über Migi, der doch das gleiche Mißgeschick zu tragen hatte und scheinbar so leicht damit lebte.

52

Jeden Tag, wenn der Morgen graute, zog Migi in den Wald, um Holz zu fällen. Einen Regenumhang über den baumwollenen Kniehosen, einen Hut, aus Bambus geflochten wie ein Schirm, einen Rettich als Wegzehrung – so zog er los, den schmalen Bergpfad hinauf.

Aus dichtem Bambusgeäst flog ein Kranich auf, am Buchenstamm seitab hämmerte der Specht. Migi grüßte den Specht, er grüßte den Kranich, dann erst begann er sein Tagwerk.

Stunde um Stunde arbeitete er, aß zur Mittagszeit den Rettich, fand, wie er gehofft hatte, Beeren und Pilze und trank Wasser aus einem klaren Bergquell. Als es dunkelte, bündelte er das Holz, das er geschlagen hatte.

Er war so eifrig bei seiner Arbeit gewesen, daß er das Gewitter nicht bemerkt hatte, das näher und näher kam. Wolken hingen über den Baumkronen der Buchen. Sturm fuhr durch das Geäst der mächtigen Ahornbäume.

Das Gewitter brach schnell herein. Blitze zuckten feurig über der Bergwand auf. Donnerschlag dröhnte. Regen fiel schwer und andauernd. In einem ausgehöhlten Baumstamm fand Migi Schutz vor Sturm und Regen. Er kauerte sich geduckt in die Höhlung, zog die Knie bis zum Kinn hinauf und schuf sich einen Sitz aus dürren Tannennadeln. Hier wollte er bleiben, bis das Unwetter vorüber war.

Plötzlich hörte er über sich ein Geräusch wie lautes Flügelschlagen, ein Ächzen und Krächzen. Drei Tengu waren es, drei Waldkobolde, die sich auf der Lichtung niederließen, dicht vor dem Baumstamm, in dem Migi saß.

Es war das erste Mal, daß Migi den Tengu begegnete und sie so zum Greifen nah vor sich sah. Meist hausten sie verborgen im Dunkel der Wälder, spaßige Unholde in Zwergengestalt, nicht größer als sechs Fuß hoch, mit roten Gesichtern und langen Rüsselnasen. Die drei schüttelten den Regen aus ihren Flügeln, stakten mit dürren Beinen wie auf Stelzen vor Migi auf und nieder und begannen zu tanzen. Dabei wedelten sie mit ihren Fächern und sangen und ächzten und krächzten: »Ein Tengu, zwei Tengu, drei Tengu…«, doch plötzlich ver-

stummte der Gesang. »Es ist nicht lustig, den Vier-Tengu-Tanz zu tanzen, wenn wir nur drei Tengu sind«, klagten sie und ließen betrübt die Flügel hängen und die Fächer in ihren Händen auch.

Migi, dem beim Anblick der tanzenden Tengu selbst die Lust zum Tanzen kam, steckte den Kopf aus der Baumhöhle und rief: »So nehmt mich als den vierten, wenn ihr wollt!«

Die Tengu erschraken. Doch als sie Migi erblickten, verloren sie ihre Scheu und faßten Zutrauen zu ihm.

»Wir haben noch nie mit einem Menschen getanzt!« gestanden sie.

»Und ich noch nie mit einem Tengu«, erwiderte Migi. »Ihr müßt mir nur sagen, wie ich es anstellen soll, dann will ich gern mit euch tanzen.«

»Es ist nicht schwer«, kicherten die Tengu. »Sobald wir: Ein Tengu, zwei Tengu, drei Tengu ... gesungen haben, mußt du: vier Tengu ... singen und in die Hände klatschen: la-la-la, mi horen. Das ist alles.«

Sie nahmen Migi in die Mitte, sie sangen immer schneller, der Tanz wurde immer ausgelassener, und Migi gelang es immer besser, den Vier-Tengu-Tanz zu tanzen. Schließlich verlangten die Tengu: »Nun laß uns tanzen nach Menschenart und lehre uns dein Tanzlied.«

Migi klatschte in die Hände. Dann sang er das Tanzlied, das ihm von allen am besten gefiel:

»Aufgeplatzt, aufgeplatzt sind die Eßkastanien in den Händen der Kinder. Ei ei ei – wie sie schmecken!«

»Ei ei ei – wie sie schmecken!« sangen und tanzten die Tengu.

Als sie müde und erschöpft waren, gestanden sie: »Ohne dich hätten wir nicht so lustig tanzen können. Du gefällst uns. Nur die Warze in deinem Gesicht gefällt uns nicht. Wir wollen sie dir abnehmen.«

Mit ihren leichten Federfächern strichen sie über Migis Wange. Da fiel die Warze ab, und die Wange war glatt und wohlgestalt wie nie zuvor. Noch ehe Migi sich bedanken

konnte, waren die drei Tengu verschwunden. Er hörte nur noch ihr lautes Flügelschlagen, ihr Ächzen und Krächzen in der Luft, fern und ferner.

Es hatte aufgehört zu regnen. Migi schulterte Axt und Säge und lief den Bergpfad hinunter ins Dorf zur schönen Yoku. Immer wieder strich er ungläubig mit der Hand über seine rechte Wange. Die Warze war nicht mehr da.

Yoku sah sogleich, was geschehen war. Das gab ein Staunen und Fragen im ganzen Dorf. Auch Hidari erreichte die Nachricht von Migis wundersamer Begegnung mit den Tengu. Noch am gleichen Abend klopfte er an Migis Hütte.

»Was muß ich tun, damit mir das gleiche Glück widerfährt wie dir?« fragte er.

Migi gab ihm bereitwillig Auskunft, wie sich alles zugetragen hatte. Am folgenden Tag lief Hidari im Morgengrauen den Bergpfad hinauf in den Wald. Nichts nahm er rundum wahr; nicht den hämmernden Specht am Buchenstamm, nicht den Kranich im Bambusgeäst. Endlich fand er die Lichtung, die Migi beschrieben hatte, und versteckte sich in der Baumhöhle.

Ungeduldig wartete er. Viel zu lange blieben die Tengu aus. Kaum vernahm er ihr rauschendes Flügelschlagen, schon stürzte er aus dem Versteck hervor.

»Los, los!« befahl er barsch. »Wo bleibt ihr so lange?! Ich will mit euch tanzen.«

Die Tengu waren betroffen.

»Wer ist dieser ungebärdige Mensch?« fragten sie untereinander. Doch sie wollten nicht unhöflich sein und luden ihn zum Tanz.

Hidari tanzte schlecht. Er achtete nicht auf die Tanzschritte der Tengu, vergaß, in die Hände zu klatschen, und geriet immer wieder aus dem Takt.

»Hört auf mit diesem lächerlichen Stelzentanz!« fluchte er. »Ich will euch lehren, nach meiner Weise zu tanzen.« Und er sang mit rauher Stimme: »Es fällt und fällt der Regen. Ach, ach, ach – alles ist grau!«

»Das soll ein Tanzlied sein?!« riefen die Tengu ärgerlich. »Es macht uns keinen Spaß, dir zuzuhören.«

»Meint ihr, ich hätte Lust, noch länger wie ein Narr mit euch herumzuhüpfen?« wütete Hidari. »Nehmt mir endlich die Warze ab, und dann seht, daß ihr weiterkommt!«

Einen Augenblick war es still, unheimlich still zwischen ihnen. Die Augen der Tengu funkelten zornig. Die roten Nasen wurden noch röter. Dann warfen sie Hidari die Warze ins Gesicht, die sie Migi am Tag zuvor abgenommen hatten, und flogen davon.

Hidari betastete erschrocken seine Wangen. Da saß eine Warze auf der rechten und eine auf der linken Seite. Wütend rief er nach den Tengu. Doch sie blieben verschwunden.

Er stand allein auf der Lichtung und konnte sich nicht entschließen, ins Dorf zurückzukehren.

Niemand weiß, wohin er ging.

Furu jan mori, der Regen,
der durch das morsche Dach tropft

Es war in einer Nacht; und es war im Monat, in dem der Regen kommt, ein anhaltender Regen, der rinnt und rinnt, viele Tage und Nächte und Nächte und Tage, wochenlang. Er kriecht durch die Dächer und in die Kleider. Die kleinen Blütenkelche des Haselstrauchs verderben im feuchten Dunst und fallen ab.

Der alte Mann und die alte Frau hockten in ihrer Hütte. Die Luft war schwül und schwer. Nebel kam vom Meer herüber und stieg den felsigen Hang herauf. In immer dichteren Schwaden wälzte er sich durch den Wald und verschlang Fels und Baum und Weg.

Nichts mehr war zu sehen rundum, so als seien die beiden Alten allein auf der Welt, eingeschlossen im Nebel.

Kein Laut war zu hören, nur das Schnaufen im Verschlag neben dem Wohnraum der Alten.

Dort stand das blaue Pferd.

Sie gehörten zusammen, die beiden Alten und das blaue Pferd.

Es half ihnen bei der Arbeit auf dem Reisfeld und trug ihnen den Korb voll Fische vom Meer herauf. Sie schütteten ihm Futter in die Raufe und kämmten seine blaue Mähne.

Der alte Mann und die alte Frau fanden keine Ruhe, hockten auf der Strohmatte und fanden keine Ruhe. Unheimlich erschienen ihnen die Nächte im Nebel.

Und weil die alte Frau Angst befiel, fragte sie: »Was glaubst du, was ist das Schlimmste, was uns widerfahren kann?«

Der alte Mann überlegte nicht lange.

»Ein Dieb, der im Nebel heranschleicht und das blaue Pferd stehlen will«, antwortete er, »das ist das Schlimmste, was uns widerfahren kann.«

»Oder ein Wolf, der im Nebel heranschleicht und das blaue Pferd fressen will«, sagte die alte Frau.

Dann schwiegen sie und lauschten, damit ihnen nicht entging, wenn ein Dieb durch den Nebel heranschliche oder ein Wolf.

Dieb und Wolf aber waren längst im Schutz des Nebels den Hang heraufgekommen und hatten sich im Verschlag versteckt, in dem das blaue Pferd stand.

Nun warteten sie nur darauf, daß die beiden Alten einschliefen. Dann wollte der Dieb das blaue Pferd stehlen, und der Wolf wollte das blaue Pferd fressen.

Doch keiner der beiden wußte vom anderen.

Der Dieb hatte sich auf dem Balken dicht unter dem Dach versteckt. Der Wolf lag in einer Ecke, im Reisstroh verborgen. Sie verhielten sich still; deshalb hörten sie auch, was die beiden Alten sagten.

Ai hai, dachte der Dieb, bin ich das Schlimmste, was den beiden Alten widerfahren kann, wird es mir gewiß gelingen, das blaue Pferd zu stehlen.

Er konnte die Zeit kaum erwarten.

Ai hai, dachte der Wolf, bin ich das Schlimmste, was den beiden Alten widerfahren kann, wird es mir gewiß gelingen, das blaue Pferd zu fressen.

Auch er wurde immer ungeduldiger.

Jeder wollte sich auf das blaue Pferd stürzen, sobald die beiden Alten eingeschlafen wären.

Der Nebel wurde dichter, die Luft drückender. Der Dieb auf dem Balken stöhnte. Er konnte kaum noch still liegen.

Der Wolf im Reisstroh stöhnte. Er konnte kaum noch still sitzen.

Die Alten aber hockten noch immer auf ihren Sitzkissen und lauschten in die Nacht.

Plötzlich klatschten große, dicke Tropfen auf das morsche Dach.

Don don.

Die beiden Alten sahen sich an, sie kannten sich aus. Das

war kein Regen, der kam und ging. Ein Rinnen, ein Rauschen und Strömen erfüllte die Luft. Die Regenzeit begann.

Parari, parari, so rann und rann der Regen.

Don don, so fielen die Tropfen durch das morsche Dach und würden weiter fallen, Tag und Nacht und Nacht und Tag.

Don don.

Und immerzu und unaufhaltsam.

Don don.

Nicht schneller. Nicht langsamer.

Don don.

Nicht lauter. Nicht leiser.

Don don.

Und wenn sie versuchten, das Dach zu flicken, wurde es an einer anderen Stelle morsch und brüchig, und jedes Jahr wurde es hinfälliger.

Don don.

»Hörst du es?« fragte die alte Frau leise.

Der alte Mann nickte.

»Nun kommt der Furu jan mori«, antwortete er bekümmert. »Das Schlimmste, was uns widerfahren kann, ist der Furu jan mori.«

Der Dieb, der auf dem Balken lag, bekam einen Schreck. Er wußte nichts vom Furu jan mori. Doch so, wie die beiden Alten davon sprachen, mußte es etwas Furchtbares sein. Deshalb hielt er es für das beste, sich so schnell wie möglich davonzumachen.

Hastig sprang er vom Balken herunter ins Reisstroh. Dort landete er grad auf dem Rücken des Wolfes.

Der Wolf sprang auf. Was ist das? dachte er entsetzt. Das kann nur der Furu jan mori sein, der mich am Genick packen will. Es muß mir gelingen, ihn abzuschütteln.

Rasch rannte er aus dem Verschlag hinaus in den Regen.

Wer weiß, wohin der Furu jan mori mich bringen wird, dachte indessen der Dieb in seiner Angst, ich will abspringen, solange ich mich noch retten kann.

Kopfüber sprang er in eine tiefe Grube hinein. Dort ver-

kroch er sich und atmete erst auf, als er vernahm, daß der Furu jan mori ohne ihn weiterrannte.

»Ai hai«, frohlockte er erleichtert, »ich bin dem Furu jan mori entkommen!«

Der Wolf lief weiter, bis er abgehetzt unter einem vorspringenden Felsen Zuflucht suchte. Auch er atmete erleichtert auf.

»Ai hai, ich bin dem Furu jan mori entkommen!«

Der Dieb wagte sich in dieser Nacht nicht mehr aus der Grube heraus, und nie wieder schlich er zu der Hütte der beiden Alten hin. Auch der Wolf wurde in der Nähe der Hütte nicht mehr gesehen.

Noch lange rann der Regen. Parari, parari.

Er tropfte durch das morsche Dach. Don don.

Der alte Mann, der verdorrte Bäume zum Blühen brachte

Es geschah vor vielen Jahren in einem Dorf im Tal.

Dort lebte ein alter, gütiger Mann mit seiner alten, gütigen Frau. Er hieß Großvater Seki. Es gab noch einen anderen alten Mann im Dorf mit Namen Großvater Boru. Von ihm und seiner Frau sagten die Leute: »Sie denken beide nur an sich selbst und an nichts sonst auf der Welt.«

Eines Tages arbeiteten die beiden Alten, Großvater Seki und Großvater Boru, auf ihren kärglichen Reisfeldern. Gruben sie auch nur einen einzigen Spatenstich tief, gleich stießen sie auf die Wurzeln der Bäume, die am Wegrand standen.

Als Großvater Seki sich einmal vom Graben aufrichtete, um den Schweiß von der Stirn zu wischen, warf Großvater Boru unbemerkt eine Wurzel hinüber auf das andere Feld; eine Wurzel, stark und knorrig.

Großvater Seki wollte keinen Streit anfangen. Er legte die Wurzel an den Feldrain und dachte: Ich werde sie mit nach Hause nehmen.

»Liebe Frau«, sagte er am Abend zu Großmutter Seki, »ich habe dir eine Wurzel mitgebracht, die der Nachbar auf unser Feld hinüberwarf, weil sie ihm im Wege war. Spalte sie und hebe sie auf als Brennholz für den Winter.«

Großmutter Seki spaltete die Wurzel.

»Lieber Mann, komm und sieh, was geschehen ist«, rief sie gleich darauf erregt. »Aus der Wurzel ist ein weißes Hündchen herausgesprungen.«

Behutsam nahmen die beiden das winzige Tier in die Hände. Es war so klein, daß sie es »Potschi«, Pünktchen, nannten. Potschi fühlte sich wohl in der Fürsorge der Alten. Sie zogen es auf und teilten ihre Mahlzeit mit ihm, eine Schüssel voll Hirsebrei jeden Tag.

62

Das Hündchen wuchs heran. Bald war es größer als eine Katze, doch es blieb kleiner als ein Spitz.

»Zugegeben«, sagte Großvater Seki, »es ist kein besonders ansehnlicher Hund. Sein Fell ist struppig, die Schnauze zu stumpf, der Schwanz zu lang. Doch das alles ist nichts gegen seine kastanienbraunen Augen und seine spitzen Ohren, die im Licht der Sonne rosig schimmern.«

Potschi wurde den beiden Alten von Tag zu Tag unentbehrlicher. Sie lernten, sich mit ihm zu unterhalten, und verstanden, was das Hündchen antwortete. Sagte Großvater Seki: »Komm, Potschi, wir gehen in den Wald, Reisig sammeln«, wedelte Potschi mit dem Schwanz, holte Großvater Sekis Strohsandalen und lief dann, munter kläffend, zur Tür.

»Sieh dir dieses zottelige Vieh an! Diese Mißgeburt von einem Hund!« sagte Großvater Boru zu seiner Frau. »Und sieh nur, wie sie miteinander schöntun alle drei!«

Großvater und Großmutter Boru konnten Potschi nicht leiden. Sie knufften und traten ihn, sooft er in ihre Nähe kam.

63

»Es war recht von dir, daß du dem Nachbar die Wurzel auf sein Feld hinübergeworfen hast«, versicherte Großmutter Boru, »sonst hätten wir am Ende diesen Bastard am Hals und müßten ihm von unserem Hirsebrei abgeben!« Gleichzeitig aber mißgönnten sie den Nachbarn, daß Potschi bei ihnen lebte.

Eines Tages kehrte der Hund allein aus dem Wald zurück. Er trug einen Beutel aus grober Baumwolle zwischen den Zähnen. Die kastanienbraunen Augen zwinkerten eindringlich und baten Großvater Seki, Potschi zu folgen.

Gemeinsam stiegen sie den Pfad hinauf, durchquerten den Wald und gelangten zum Gipfel des Berges. Von hier aus konnte man weit über das Land hin sehen. Die verschlungenen Wege im Tal, die Hütten, die schmalen Reisfelder – alles war von diesem Gipfel aus zu überschauen.

Großvater Seki hockte sich auf einen Felsblock und versank in den Anblick, der sich ihm bot. Erst allmählich bemerkte er, daß Potschi neben ihm winselte und mit den Pfoten den steinigen Boden aufscharrte.

»Nun gut«, beschwichtigte Großvater Seki, »wenn du meinst, will ich hier graben, sonst gibst du doch keine Ruhe.« Er nahm sein Messer und kratzte das Erdreich beiseite. Nach einer Weile sah er im Geröll etwas blinken. Er grub weiter, da stieß er auf Gold- und Silberstücke; es waren so viele, daß der Beutel, den Potschi zwischen den Zähnen getragen hatte, bis zum Rand gefüllt war, als sie den Heimweg antraten.

Großmutter Seki konnte kaum glauben, was sie sah. Potschi kläffte vergnügt. In seinen kastanienbraunen Augen schimmerten gelbe Lichtpünktchen.

Die beiden Alten hockten sich auf die Strohmatte, zählten die Münzen und versicherten einander: »Nun brauchen wir nicht mehr zu hungern. Wir können Reis kaufen, soviel wir wollen, wenn unsere eigene Ernte nicht ausreicht.«

Durch ein Loch in der Schiebetür beobachteten Großvater und Großmutter Boru, was sich in der Hütte zutrug. Ihre Augen waren gierig auf die Münzen gerichtet, die auf der Matte ausgebreitet lagen, und sie beschlossen, den Nachbarn sogleich einen Besuch abzustatten.

»Welch ein Glück, welch ein Glück!« lärmte Großvater Boru schon von weitem, »hai, welch ein Glück ist euch widerfahren!«

»Das haben wir allein Potschi zu danken«, gab Großmutter Seki zurück. »Wer denkt schon an einen Schatz auf dem Gipfel des Berges; und wer weiß schon die richtige Stelle, ihn zu finden!«

Großvater und Großmutter Boru taten, als sei ihre Anteilnahme am Glück der beiden ohne Grenzen. Sie lobten Potschi und tätschelten ihn, für den sie bisher nur böse Worte gefunden hatten. Dann aber zögerte Großvater Boru nicht länger, sein Anliegen vorzutragen.

»Ehrenwerter Herr Nachbar«, begann er, »wir haben ein Leben lang redlich nebeneinander gearbeitet. Deshalb erscheint es mir recht, daß Ihr Euer Glück mit uns teilt. Leiht uns das Hündchen, das liebe, nur einen halben Tag lang, ich bitte Euch.«

Und zu Potschi sagte er: „Kluger, vortrefflicher Herr Hund! Führt mich ebenfalls zum Gipfel des Berges und zu den Schätzen, die dort auf mich warten. Ich will es Euch jederzeit danken, und Ihr mögt leben hundert Jahre lang!"

Großvater Seki, der Gütige, ermunterte Potschi, die Bitte des Nachbarn zu erfüllen. Doch Potschi erhob sich nur widerwillig.

Kaum hatten sie die Hütte verlassen, trieb Großvater Boru den Hund zur Eile an.

»Los, los, du widerspenstige Mißgeburt, vorwärts!«

Potschi zögerte.

»Es wird Euch kein Glück bringen, auf dem Berg zu graben«, sprach er. Großvater Boru aber verstand nicht, was das Tier meinte. Kaum hatten sie den Gipfel erreicht, packte er Potschi im Genick und drückte ihm die Schnauze auf den Boden, bis Potschi, um sich von dem schmerzenden Griff zu befreien, zu kratzen und zu scharren begann. Da dachte Groß-

65

vater Boru, dies sei die Stelle, den Schatz zu finden. Er schleuderte Potschi zur Seite und grub hastig weiter. Doch statt blanker Münzen kamen verkohlte Holzstücke zum Vorschein.

Großvater Boru gab Potschi die Schuld daran. Wütend hob er den Spaten gegen den Hund und erschlug ihn.

In der Hütte saßen indes Großvater und Großmutter Seki und warteten. Längst war es dunkel geworden. Längst mußte der Nachbar zurückgekehrt sein. Unruhe befiel die beiden Alten.

»Du wagst dich noch in meine Nähe?« polterte Großvater Boru, als Großvater Seki zu später Stunde an die Schiebetür klopfte. »Dein Hund hat mich zum Narren gehalten. Er hat die Strafe bekommen, die er verdiente. Geh und hol ihn dir, wenn du willst.«

Noch bevor am nächsten Morgen die Sonne aufging, stiegen Großvater und Großmutter Seki zum Berggipfel hinauf. Dort fanden sie Potschi. Weinend begruben sie ihn.

Schon nach wenigen Tagen wuchs eine kleine Kiefer auf Potschis Grab. Sie war so klein wie Potschi damals, als er aus der gespaltenen Baumwurzel sprang. Und wie Potschi gewachsen war, weil die beiden Alten ihren Hirsebrei mit ihm geteilt hatten, wuchs die Kiefer nun von ihren Tränen.

Die Zeit verging. Der Baum wurde groß.

Es kam der Herbst. Da jagte ein jäher Sturm durch das Tal und vernichtete die Ernte auf den Feldern. Die Reisvorräte in den Hütten gingen zu Ende. Hungersnot ergriff das Land. Auch die Gold- und Silbermünzen konnten nun nicht mehr helfen, denn es gab keinen Reis zu kaufen weit und breit.

Als Großvater Seki eines Abends unter der Kiefer saß, war ihm, als hörte er im Rauschen des Windes eine Stimme: »Habe ich nicht einen prächtigen Stamm? Und gäbe dieser Stamm nicht einen prächtigen Mörser?!«

Was soll mir der Mörser, dachte der Großvater, wenn ich nicht genügend Reis habe, um ihn zu füllen? Doch er vertraute der Stimme der Kiefer, fällte sie und hobelte und schnitzte mit Sorgfalt aus ihrem Stamm, den er den Bergpfad hinunter zur Hütte trug, einen handfesten Mörser.

»Lieber Mann«, gab Großmutter Seki zu bedenken, »nur eine halbe Handvoll Reiskörner, das ist alles, was wir noch haben. Doch wenn du es willst, werde ich sie im Mörser zerstoßen und von dem Mehl saure Klöße bereiten, die Potschi immer so gut schmeckten.«

Kaum hatte sie damit begonnen, die Reiskörner zu zerstoßen, rief sie: »Sieh nur, sieh! Der Mörser füllt sich mehr und mehr! Je schneller ich stoße – yakuri, yakuri – um so mehr Reismehl quillt hervor.«

So war es! Bald hatten sie Reismehl im Überfluß und Vorrat für ein ganzes Jahr.

Als Großvater und Großmutter Boru davon erfuhren, gleich waren sie zur Stelle.

»Gütiger und wohltätiger Nachbar, längst habe ich bereut, was ich Euch antat, als ich Euren Hund erschlug. Habt Erbarmen! Der Hunger tut weh, Ihr wißt es. Laßt mir den Mörser nur einen halben Tag lang, ich bitte Euch«, so jammerte Großvater Boru und rang die Hände.

»Gast meiner unwürdigen Hütte«, erwiderte Großvater Seki, »es wäre unrecht von mir, wollte ich nachtragend sein und Euch Eurem Elend überlassen.« Und er gab ihm den Mörser.

Weder am gleichen Tag noch am folgenden brachte Großvater Boru den Mörser zurück.

»Geh und hole ihn«, mahnte Großmutter Seki.

Großvater Seki fand den Nachbar in dessen Hütte vor der Feuerstelle sitzend, zornig und mit vorwurfsvollem Blick.

»Wollt Ihr Euren Mörser holen? Ich warf ihn ins Feuer. Denn statt meinen spärlichen Reisvorrat zu vermehren, verwandelte er ihn in Kieselsteine. Je mehr ich stampfte, um so mehr Steine wurden es. Seht Euch um!« Und tatsächlich war die Matte von Steinen bedeckt, und Steine häuften sich überall.

»Ihr hattet kein Recht, ihn zu verbrennen«, sagte Großva-

ter Seki bekümmert. »Ich schnitzte ihn aus dem Stamm der Kiefer. Die Kiefer stand auf dem Grab unseres Hundes. Nun haben wir nichts mehr, was uns an ihn erinnert. So gebt mir wenigstens die Asche.«

»Ihr seid und bleibt ein Narr«, antwortete Großvater Boru verächtlich. »Die Asche könnt Ihr haben.«

Großvater Seki nahm von der Asche, die noch in der Feuerstelle glimmte, und brachte sie zu Großmutter Seki.

An diesem Abend fanden sie beide keinen Schlaf. Schließlich schlug Großmutter Seki vor: »Laß uns einen Teil der Asche in die Tokonama, die Hausnische, stellen, zur Erinnerung an Potschi. Den anderen Teil laß uns in den Garten streuen, wo die Rettiche wachsen, die Potschi immer so gut schmeckten.«

Sie verwahrte die Asche in einem Lackkästchen und stellte es in die Tokonama. Der Großvater aber ging am nächsten Morgen in den Garten und streute die Asche aus. Ein Windstoß ergriff sie und trug sie hierhin und dorthin, bis zum Ende des Gartens, wo morsch und verdorrt ein Sakura, ein Kirschbaum, stand. Da plötzlich begann er zu blühen, und überall, wohin der Wind die Asche trug, erblühten die Bäume, obwohl das Frühjahr längst vorüber war und eben der Herbstmonat begann.

Der Fürst des Landes, der an diesem Morgen mit seinem Gefolge durch das Tal ritt, sah verwundert die Blütenpracht in Großvater Sekis Garten.

»Ruft den Alten und führt ihn in den Garten meines Palastes«, befahl er den Dienern, »ich will sehen, ob es ihm gelingt, den alten Sakurabaum meiner Kindheit wieder zum Blühen zu bringen.«

Es war ein Kirschbaum, knorrig und mit weitverzweigten Ästen. Er hatte seit Jahren kein einziges Blatt, keine Blüte mehr getrieben. Als Großvater Seki nun aber auf der Terrasse des Palastes stand und ein wenig von der Asche nahm und der Wind sie über den Garten hin trug, begann der Sakurabaum zu blühen. Er trug Blüten von zartem Rot; wie rosige Feder-

wölkchen bedeckten sie den Baum und alle Bäume des Gartens.

Bewegt stand der Fürst angesichts dieses Wunders.

»Ihr habt eine Gabe, die kostbarer ist als alle Geschenke, die ich Euch geben kann«, sprach er. »Deshalb sollt Ihr obendrein einen Namen empfangen; Ihr sollt der einzige im ganzen Land sein, der ihn tragen darf, und alle sollen Euch so nennen.«

Er gab Großvater Seki den Namen »Hana saka tschi«, das heißt: der alte Mann, der verdorrte Bäume zum Blühen brachte.

»Bevor Ihr nun wieder heimkehrt«, bat der Fürst, »berichtet mir, wie das Wunder geschehen konnte.«

»Ich weiß es nicht, hoher Herr und Fürst«, gestand Großvater Seki. »Ich nahm eine Wurzel mit vom Feld, um Brennholz daraus zu machen. Als meine Frau die Wurzel spaltete, kam ein Hündchen herausgesprungen. Als es starb, wuchs aus seinem Grab eine Kiefer. Aus dem Stamm der Kiefer schnitzte ich einen Mörser. Der Mörser wurde zu Asche. Durch die Asche erblühen die Bäume.«

Der Fürst verneigte sich vor Großvater Seki, und Großvater Seki verneigte sich vor dem Fürsten. Reich beschenkt kehrte der Alte heim.

Die Kunde von den Geschehnissen verbreitete sich rasch. Hastig kratzten Großvater und Großmutter Boru den Rest der Asche in ihrer Feuerstelle zusammen. Noch zur gleichen Stunde ließ Großvater Boru sich beim Fürsten melden. Er traf ihn auf seiner Terrasse, den Anblick des blühenden Gartens genießend.

»Hoher Fürst«, rief Großvater Boru laut, »ich bin noch einmal zurückgekommen, da ich vergaß, auch all die Bäume hinter dem Palast zum Blühen zu bringen. Legt mir einstweilen schon die Belohnung zurecht und versucht nicht zu geizen!«

Verwundert dachte der Fürst: Wer so spricht, kann der wahre Hana saka tschi nicht sein. Was ist das für ein Mensch, der einem anderen den Namen stiehlt?!

Er ließ den Alten dennoch gewähren und folgte ihm in die Gärten, die hinter dem Palast lagen.

Dort verstreute Großvater Boru sogleich mit vollen Händen die Asche und leerte den Topf, in dem er sie trug, bis auf den Grund. Doch der Wind trieb ihm die Asche ins Gesicht. Er trieb sie ihm in die Augen, daß sie brannten, wie vom Feuer getroffen. Auch das Gewand des Fürsten wurde aschgrau.

Großvater Boru schrie und stöhnte. Die Diener kamen herbeigelaufen.

»Was erdreistet sich der Kerl?« riefen sie. »Greift ihn! Schlagt ihn! Jagt ihn aus dem Palast!«

»Schlagt ihn nicht!« befahl der Fürst. »Seht ihr nicht: er ist geschlagen für sein Leben.« Und zu Großvater Boru gewandt, sagte er: »Bevor du heimkehrst, berichte mir, was geschah.«

Großvater Boru jammerte und klagte.

»Ich weiß es nicht, hoher Fürst. Eine lästige Wurzel war mir im Weg. Da warf ich sie fort. Ein räudiger Hund narrte mich. Ein Mörser betrog mich. Die Asche des Mörsers kehrte sich gegen mich, daß meine Augen erblindeten.«

Der Fürst wandte sich ab.

»Geh jetzt, geh. Und komm nie wieder.«

All das geschah vor langer Zeit.

Großvater Boru wurde vergessen.

Doch noch immer erzählen die Leute die Geschichte von Hana saka tschi, dem alten Mann, der verdorrte Bäume zum Blühen brachte.

Kikus Spiegel

Wohl tausend Jahre ist es her, da gab es in dem Ort, der heute noch Matsuyama heißt, nur ein einziges Haus. Darin wohnte der junge Muso mit seiner Frau. Er diente bei einem Kaufmann im Nachbardorf. Sie hielt das Haus in Ordnung und umsorgte ihn; sie wusch und kochte; am Nachmittag saß sie auf einem Kissen vor ihrem Webstuhl und webte. Ton kararin, ton ka ra rin, so klang das Geklapper des Webstuhls. Wenn Muso am Abend heimkehrte, lief die Frau ihm erwartungsvoll entgegen.

Er liebte ihre Anmut, ihren leichtfüßigen Gang. Am liebenswertesten aber erschien ihm ihr Lächeln. Sanft war es, wie der Zauber der goldgelben Chrysanthemen im Licht der Nacht.

Deshalb nannte er sie Kiku. Als sie ein Kind bekamen, nannten sie es Kikuko, das Chrysanthemenkind.

Eines Abends, als Kiku neben Muso saß und ihm den Tee bereitete, sagte er: »Nie werde ich mich satt sehen an deinem Lächeln. Wenn du dich doch wie ich daran erfreuen könntest.«

»Es ist wahr«, antwortete Kiku, »alles, was dein Auge sieht, sieht auch das meine. Nur mich selbst vermag ich nicht zu sehen.«

Und ein Verlangen erwachte in ihr, das ihm nicht verborgen blieb.

Bald aber klang das flinke Geklapper des Webstuhls wieder durchs Haus, ton kararin, ton kararin, und Kiku lächelte, sanft und heiter und unbeschwert wie zuvor.

Kikuko, das Chrysanthemenkind, kniete auf der Matte neben der Mutter und spielte.

Dann kam ein Abend, an dem Muso bedrückt von seiner Ar-

beit heimkehrte. Kiku bemerkte es, als sie ihm entgegenging, schon von weitem.

Der Kaufmann, bei dem Muso arbeitete, hatte ihm befohlen, als Bote in die Hauptstadt zu reiten. Er lieh ihm dafür sein kräftigstes Pferd. Gleich am Morgen sollte Muso aufbrechen.

Es war das erste Mal, daß sie sich trennten: Muso und Kiku und Kikuko, das Chrysanthemenkind.

»Dein Lächeln wird mir fehlen«, sagte Muso, als er von Kiku Abschied nahm.

»Es wird dich begleiten«, antwortete Kiku.

Dann ritt Muso davon. Kiku und Kikuko winkten ihm nach. Bis zur Hauptstadt hin war es ein langer und beschwerlicher Weg. Er führte durch Wälder und bergiges Land; durch Schluchten, in denen Bären und Wildschweine hausten; an reißenden Flüssen vorüber; dann wieder auf schmalem, steinigem Pfad dicht am Rand eines Abgrunds entlang.

Doch es war, wie Kiku gesagt hatte: Ihr Lächeln begleitete ihn. Am Morgen erschien es ihm hinter Frühnebelschleiern im Tal. Am Mittag spielte es mit den hellen Sonnenflecken über dem wildwuchernden, welligen Farnkraut zu seinen Fü-

ßen. In der Nacht erwartete es ihn im weißen Mondlicht auf dem Nadelteppich uralter Zedern.

Im März, dem Monat der Träume, als auf den Berghängen die ersten Pfirsichbäume blühten, war Muso aufgebrochen.

Im Juni, dem Monat, in dem der Regen rinnt und der Wind in den Kiefernkronen nistet, kehrte er zurück.

Eines Morgens stand er vor der Tür, müde und staubbedeckt.

Kiku bereitete ihm ein Bad. Dann weckte sie Kikuko. Und dann saßen alle drei beieinander und schlürften den grünen, duftenden Tee. Seinem Reisebündel entnahm Muso Geschenke, die er aus der Hauptstadt mitgebracht hatte. Kikuko bekam eine Puppe, Kiku überreichte er ein Kästchen aus feinem Bambusgeflecht.

In dem Kästchen lag ein Spiegel, eine blanke Scheibe aus Metall, leuchtend in seltenem Glanz. Muso hatte sie in einer Messingschmiede entdeckt.

Diese blanke Scheibe besitzt Zauberkraft, dachte er, sie wird Kikus Lächeln einfangen. So kann sie selbst es sehen.

Als Kiku sich über den Spiegel beugte, erkannte sie darin ein Gesicht. Weil sie aber noch nie einen Spiegel gesehen hatte, konnte sie auch nicht wissen, daß es ihr eigenes Bild war, das sie erblickte.

»Wer ist die fremde Frau?« fragte Kiku.

»Du bist es«, antwortete Muso, »sieh dich an.«

Ungläubig staunend betrachtete Kiku ihr Bild. Sie lächelte ihm zu, und der Spiegel gab ihr Lächeln zurück.

Von dieser Stunde an zog es Kiku immer wieder zu dem Spiegel hin. Sie schmückte ihr Haar mit Blumen, nahm den Spiegel zur Hand und blieb lange in ihren Anblick versunken.

Alle ihre Sinne hatte sie dem Spiegelbild zugewandt. Darüber vergaß sie Zeit und Stunde. Das Geklapper des Webstuhls klang immer seltener durch das Haus. Eines Abends versäumte sie zum ersten Mal, Muso entgegenzugehen.

Schweigend sah er sie an, schweigend trank er seinen Tee.

Kiku erschrak. Sie glaubte, ihn betrübt zu haben, weil sie

nur an ihre eigene Freude gedacht hatte. Damit das nie wieder geschehen konnte, verschloß sie den Spiegel im Wandschrank.

Ihre Arbeit versah sie von nun an wieder so umsichtig, so voll Eifer wie zuvor. Sie ging Muso am Abend entgegen, wie alle Frauen es taten, wenn ihre Männer von der Arbeit heimkehrten.

Den Spiegel vergaß sie allmählich. Auch Muso fragte nicht mehr danach. Doch Kikus Lächeln erschien ihm seitdem noch anziehender, als hüte es ein Geheimnis.

Die Jahre kamen und gingen.

Als Kikuko dreizehn Jahre alt war, wurde die Mutter krank.

Bald wußte sie, daß sie sterben würde und daß sie Muso und Kikuko allein zurücklassen mußte. Das Herz wurde ihr schwer.

Da erinnerte sie sich an den Spiegel und dachte: Wie gut, daß er damals mein Lächeln einfing. So gehe ich fort und bleibe doch bei ihnen.

Denn sie glaubte, der Spiegel hätte ihr Lächeln bewahrt für alle Zeit.

Darum übergab sie Kikuko das Kästchen und sagte: »Wenn du hineinschaust, wirst du mein Bild erblicken und kannst mit mir sprechen, wie du es immer getan hast.«

Als die Mutter gestorben war, verlor Kikuko alle Heiterkeit.

Der Webstuhl stand still. Untätig ging Kikuko durch das Haus. Ohne die Mutter erschien es ihr leer.

Sie sehnte sich nach Kikus Lächeln.

In ihrem Kummer fiel ihr das Kästchen mit dem Spiegel ein. Sie öffnete es. Und als sie in den Spiegel schaute, glaubte sie, darin das Bild der Mutter zu erkennen. Doch erschien es ihr verändert. Das Lächeln war aus dem Gesicht gewichen. Blaß blickte es Kikuko entgegen, blaß von Kummer und Tränen.

Kikuko erschrak. Sie glaubte, die Mutter betrübt zu haben, weil sie in all den Tagen nur an ihren eigenen Schmerz gedacht

75

und ihre Arbeit darüber vernachlässigt hatte. Und sie begann, sich ihrem Tagwerk zuzuwenden, wie sie es von der Mutter erlernt hatte.

Sie wusch und kochte. Sie kniete auf dem Kissen vor dem Webstuhl und webte. Ton kararin, ton kararin.

Abends, wenn sie allein war, nahm sie den Spiegel zur Hand und hielt Zwiesprache mit der Mutter. Und immer hoffte sie, deren Lächeln werde zurückkehren.

Und einmal dann geschah es.

Es war in der Nacht, in der die Chrysanthemen goldgelb leuchteten im Licht des Mondes.

Da schaute Kikuko in den Spiegel. Und das Gesicht im Spiegel lächelte ihr zu, so wie die Mutter immer gelächelt hatte.

Behutsam legte Kikuko den Spiegel in das Kästchen zurück.

Blütenkind

Es geschah zu der Zeit, als Taka-san als Statthalter über Etschu herrschte. Und es geschah zu der Zeit, als Kobo-san als Statthalter über Bitschu herrschte. Die Ländereien der beiden Statthalter grenzten aneinander.

Wenn Taka-san mit seinem Gefolge durch die Wälder von Etschu ritt, konnte es vorkommen, daß er sich plötzlich in den Wäldern von Bitschu befand. Und Kobo-san, wenn er glaubte, noch durch die Wälder von Bitschu zu reiten, ritt unversehens schon durch die Wälder von Etschu.

Doch nie gab es deshalb Streit zwischen ihnen.

»Die Sonne, die über Etschu scheint, scheint auch über Bitschu«, pflegte Taka-san zu sagen. Und Kobo-san pflichtete ihm bei: »Der Sturm fragt nicht, ob er die Wälder von Bitschu oder die Wälder von Etschu verwüstet.«

So lebten sie einträchtig nebeneinander.

Eines Tages, im Monat der Kirschblüte, wurde dem Statthalter von Etschu ein Mädchen geboren. Es war zierlich und munter und dennoch absonderlich, denn auf dem Kopf trug es einen Napf aus hellem, glänzendem Holz. Er reichte bis zu den Schultern des Kindes, so daß man sein Gesicht nicht sehen konnte und er auch das Kind in seiner Sicht behinderte. Nur ein schmaler Blickwinkel blieb ihm unter dem Holznapf hervor.

Die Eltern waren bestürzt. Immer wieder versuchten sie, den Holznapf zu entfernen. Doch er saß fest angewachsen auf dem Kopf des Mädchens wie ein hölzerner Haarschopf.

Alles Bemühen blieb vergeblich.

»Laß es uns hinnehmen und es lieben, so wie es ist«, sagte der Vater.

»Wir werden trotzdem spüren, ob es lächelt oder weint,

auch wenn wir sein Gesicht nicht sehen können«, versicherte die Mutter und schloß das Mädchen in die Arme. »Hana«, flüsterte sie, »Hanako«. Das heißt: Blütenkind.

Hanako wuchs heran. Mit ihr wuchs der Holznapf auf Kopf und Schultern.

Oft saßen die Eltern beieinander und berieten, wie sie dem Mädchen helfen könnten, sein Mißgeschick zu ertragen.

»Ein gutes Herz ist mehr wert als äußere Wohlgestalt, daran laß uns denken«, sprach der Vater. Sie ermahnten Hanako, freundlich und hilfsbereit zu sein. »Wenn du selbst diese Eigenschaften besitzt«, sagten 'sie, »werden auch andere Menschen dir freundlich begegnen.«

Hanako lernte, der Mutter zur Hand zu gehen. Wenn die Eltern dann in der Halle ihren Tee einnahmen, saß sie spielend auf der moosgrünen Steinstufe vor dem Haus.

Am liebsten spielte sie mit den feingebogenen Haarkämmen der Mutter. Einmal führte sie einen Haarkamm zu ihrem Kopf hin, um sich damit zu schmücken, wie sie es bei der Mutter gesehen hatte. Als sie aber mit dem Kamm an den harten Holznapf stieß, legte sie ihn bekümmert in das schwarze Lackkästchen zurück und nahm ihn nicht mehr zur Hand.

Doch noch immer saß sie gern auf der bemoosten Steinstufe vor dem Haus und wartete, bis die Mutter die Halle betrat und auf der Koto, der dreizehnsaitigen Harfe, zu spielen begann.

Eines Abends kniete Hanako sich neben die Mutter und ließ ihre Finger über die Saiten gleiten, zaghaft zuerst und tastend und zunehmend sicherer von Mal zu Mal. Gelehrig und eifervoll war Hanako. Und wundersam erklangen die Melodien, die sie ersann.

Die Eltern lauschten andächtig ihrem Spiel. Alle Lust und alle Wehmut war darin eingefangen. Es klang, als ob Hanako lachte und weinte, jauchzte und klagte. Die Eltern konnten ihr Gesicht nicht sehen. Und sahen es doch. Und Hanako wußte es.

So waren sie glücklich alle drei.

Als Hanako dreizehn Jahre alt war, ging eine heimtückische Krankheit durch das Land. Große Not kam über die Städte und Dörfer von Etschu und Bitschu. Viele Menschen starben.

Auch die Eltern von Hanako.

Von einem Tag zum anderen war das Mädchen allein. Zwar zogen Verwandte ins Haus und lebten dort anstelle der Eltern, zwar versuchten sie anfangs, Hanako zu trösten, doch ihr Trost verbrauchte sich allzu schnell.

Am ersten Tag tat Hanako ihnen leid.

Am zweiten Tag wurde ihr Anblick ihnen lästig.

Am dritten Tag begannen sie sich ihrer zu schämen.

»Niemand kann uns zumuten, neben einem so verunstalteten Wesen zu leben«, klagten sie. »Könnten wir ihr Gesicht sehen, so wüßten wir, woran wir sind. Doch wer sagt uns, was sich unter dem Holznapf verbirgt? Eine Fratze vielleicht, der Geist eines bösen Dämons. Nein, wir wollen nicht länger mit ihr zusammen wohnen.«

Da sank die Last des Holznapfes schwerer auf Hanakos Schultern. Nur ein einziges Mal noch spielte sie auf der Koto, der dreizehnsaitigen Harfe. Vielleicht erfreut sie mein Spiel, wie es die Eltern erfreute, dachte sie.

Doch niemand hörte ihr zu. Sie sagten auch nicht mehr Hanako zu ihr. Sie sagten: Hatschibime, Mädchen mit dem Holznapf.

Dabei blieb es.

»Hatschibime, was hockst du schon wieder auf der Steinstufe! Du versperrst uns die Aussicht auf den Garten.«

Da ging Hatschibime aus dem Haus, ging und ging durch die Wälder von Etschu und weiter, immer weiter bis zu den Wäldern von Bitschu hin.

Als es Abend wurde und die Dämmerung schon im Unterholz nistete, traf sie bei einem Kohlenmeiler zwei Männer, die Holzkohle brannten. Sie stießen sich an, und einer fragte den anderen: »Was kommt da für ein Geschöpf? Hast du so etwas schon gesehen?«

Hatschibime aber ging freundlich auf sie zu, grüßte und

sagte: »Dozo, bitte, ehrenwerte Kohlenbrenner, gebt mir ein Lager für die Nacht.«

Sie versuchte auch gleich, sich nützlich zu machen, fegte die Hütte und bereitete ein Abendessen. Die Kohlenbrenner ließen es sich gefallen. Sie wiesen Hatschibime eine Schlafstelle zu, und das Mädchen blieb bei ihnen, bis eines Tages der Statthalter von Bitschu durch den Wald ritt und auch zu der Hütte der Kohlenbrenner kam.

Er bemerkte Hatschibime und dachte: Wenn es stimmt, was man sich erzählt, so muß das wohl die Tochter des Mannes sein, der einmal Statthalter von Etschu war.

Die Kohlenbrenner berichteten ihm, daß sie dem Mädchen einstweilen Schutz gewährt hatten.

»Doch was soll aus ihr werden?« fragten sie besorgt.

Kobo-san rief Hatschibime zu sich und sagte: »Der Winter ist kalt in den Wäldern von Bitschu. Wenn du willst, werde ich für dich sorgen und dich mit mir nehmen in mein Haus. Dort kannst du bleiben und den Frauen zur Hand gehen.«

Hatschibime bedankte sich und ließ sich auf das Pferd heben. So kam sie in das Haus Kobo-sans.

Unverdrossen versah sie nun die Handreichungen und Dienste, die man ihr selbst zuvor im Haus ihres Vaters erwiesen hatte.

Vier Söhne lebten im Haus des Statthalters Kobo-san. Drei von ihnen mit ihren Frauen. Der vierte aber, Onzoshi, hatte noch keine Frau gefunden, die ihm willkommen war.

Was niemand begreiflich schien, geschah: Onzoshi fand Gefallen an Hatschibime. Für ihn ging ein Zauber von ihr aus, den nur er zu empfinden schien; der Klang ihrer Stimme berührte ihn auf ungekannte Weise. Niemand, versicherte er, habe ein so sanftes, freundliches Wesen und bereite ihm den Tee so anmutig wie Hatschibime. Und er beschloß, sie zur Frau zu nehmen.

Der Vater, die Brüder und deren Frauen, alle schwiegen betreten, als Onzoshi ihnen seinen Entschluß mitteilte. Vor allem die drei Frauen ereiferten sich und äußerten ihren Un-

81

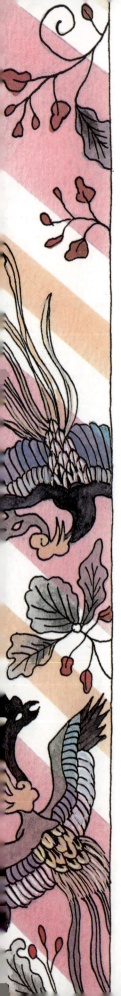

mut. Selbst Kobo-san zögerte bei dem Gedanken, ein Mädchen, dessen äußere Gestalt so unvollkommen war, in seine Familie aufzunehmen und zu seiner Schwiegertochter zu erheben.

Da er nicht wußte, wie er Onzoshi umstimmen sollte, wandte er sich in seiner Bedrängnis an die alte Amme, die Onzoshi betreut hatte, als er ein Kind war, und bat sie um Rat.

»Es ist nicht schwierig, die beiden zu trennen«, versicherte die Amme. »Wenn Onzoshi sie zur Frau nehmen will, muß sie zuvor den Brautvergleich bestehen. Sie wird sich wegen des Holznapfes so schämen, daß sie davonläuft und nicht mehr zurückkehrt.«

Schon am nächsten Tag fand der Brautvergleich statt. Die Gäste erschienen. Alle versammelten sich in festlicher Runde.

Die drei Frauen der älteren Brüder hatten am Vormittag viel Sorgfalt darauf verwandt, sich zu schmücken und ihre Schönheit hervorzuheben. Die langen Flechten ihres blauschwarzen Haares, kunstvoll verschlungen und aufgetürmt, glänzten vom Saft der Iris. In ihren farbenprächtigen Kimonos glichen sie der zarten Päonie, der edlen Narzisse und der stolzen Hyazinthe.

Auf dem Tischchen vor ihnen lagen die Zupfinstrumente, die kleinen, dreisaitigen Samisen, mit deren Spiel sie die Gäste erfreuen und ihren Triumph über Hatschibime feiern wollten.

Alle blickten erwartungsvoll in die Richtung, aus der das Mädchen kommen und die Halle betreten sollte.

Schon wurde die Tür zurückgeschoben. Im Rahmen stand Hatschibime, verzagt beim Anblick all der Pracht, der ihr unter dem Holznapf hervor zuteil wurde. Sie zögerte beklommen. Dann geschah, was die alte Amme vorausgesagt hatte. Hatschibime wandte sich Onzoshi zu.

»Laß mich gehen«, bat sie, »ich bin nicht würdig, daß du mich auserwählst.«

Onzoshi aber stellte sich ihr zur Seite.

»Bleib«, erwiderte er, »du bedeutest mir mehr als all der Glanz. Und hast du nicht den Mut, dich mit ihnen zu messen, so habe ich ihn für uns beide.« Gemeinsam betraten sie die Halle.

In diesem Augenblick löste sich der Holznapf von Hatschibimes Kopf und fiel zur Erde. Perlen, Korallen und Edelsteine rollten aus dem Napf über die Matte und schmückten den Weg zu ihren Füßen.

Hatschibime aber stand da mit duftendem Haar. Ihr Gesicht war von seltenem Ebenmaß, und ihre Augen schimmerten in sanftem Glanz.

Ein Raunen ging durch die Halle.

Betroffen standen die drei geputzten Frauen. Sie hatten Hatschibime beschämen wollen und waren nun selbst beschämt.

Hastig griffen sie nach den Zupfinstrumenten, den kleinen, dreisaitigen Samisen. Vielleicht, so hofften sie, erwies sich wenigstens ihr Spiel nun als unübertrefflich.

Onzoshi aber befahl, die kostbarste, die dreizehnsaitige Harfe hereinzutragen, die Koto.

Hatschibime kniete auf dem Kissen vor dem Instrument nieder. Ihre Finger glitten behend und behutsam über die Saiten, wie sie es in der Kindheit von der Mutter erlernt hatte.

Eine große Freude erfüllte sie.

Und alle lauschten Hatschibimes Spiel.

Die Grasmücke

Es war einmal ein Wanderer, der kam auf steinigem Bergpfad von weit her. Die Füße brannten ihm. Er hatte sich müde gelaufen. Und hungrig war er auch.

Schon neigte sich der Tag. Die grünen Abendgrillen zirpten. Im Bambushain nistete Dämmerung.

Fände ich doch eine Hütte am Weg, dachte der Wanderer, einen Menschen, der mir ein Obdach gibt für die Nacht, müde und hungrig, wie ich bin.

Doch da war weit und breit keine Hütte, kein Mensch, nur das Raunen der Blätter, ein Knacken im Gezweig, manchmal ein Vogel, der aufflog, behend von Ast zu Ast sich schwang und den Mann ein Stück begleitete.

Dann wurde es still. Die Abendgrillen zirpten nicht mehr. Nur den Klang der eigenen Schritte vernahm der Wanderer, das eintönige Kara-ton, kara-ton der hölzernen Sohlen auf dem Felsgestein.

Plötzlich sah er von fern im Dunkel ein Licht. Als er näher kam, lag vor ihm eine Hütte, in einer Landschaft, wie er sie bei seinen Wanderungen noch nie erlebt hatte. Die Hütte stand einsam auf einem Stück Ödland, das von Sternenmoos hier und da spärlich bedeckt war. Vier mächtige Felsen umgaben sie wie die Wände eines hochaufragenden Gevierts. In jede Felswand war ein Tor eingelassen. Das erste wies nach Süden, das zweite nach Westen, das dritte nach Norden und das vierte nach Osten. Die Schiebewände der Hütte waren zurückgeschoben. Im Licht der Feuerstelle kniete ein Mädchen auf einer Matte aus Reisstroh. Es duftete nach Hirsebrei.

Als das Mädchen den Fremden bemerkte, kam es ihm, zierlich und leichtfüßig, entgegen. Es trug ein graugrünes Kleid, grau wie der Fels und grün wie das Moos.

84

»Guten Abend, Mädchen«, grüßte der Mann und verneigte sich.

»Guten Abend, Wanderer«, antwortete das Mädchen.

Als es sah, wie müde und hungrig er war, lud es ihn ein, sich niederzusetzen, und teilte mit ihm den duftenden Hirsebrei. Dann bereitete es ihm ein Lager für die Nacht.

Noch ehe der Wanderer sich bedanken konnte, war das Mädchen gegangen. Er legte sich nieder und schlief ein.

Als er erwachte, war das Mädchen schon bei seiner Arbeit. Der Wanderer trat vor die Hütte. Alles rundum erschien ihm im Licht des Tages ebenso seltsam und geheimnisvoll wie im Dunkel der Nacht. Die Sonne hatte die Felswände in violetten Glanz getaucht. Auf den Toren glitzerten und funkelten unzählige Tautropfen.

»Höre«, sagte das Mädchen zum Wanderer, »ich gehe nun fort und kehre erst um die Mittagszeit zurück. Du kannst bleiben, solange du magst, und tun, woran du Gefallen hast.« Dann deutete es auf die vier Tore im hohen Geviert. »Das erste, das zweite, das dritte Tor darfst du öffnen. Das vierte Tor aber öffne nie.«

Der Wanderer blickte dem Mädchen nach. Doch obwohl er eben noch gesehen hatte, wie es davonging, war es im gleichen Augenblick entschwunden.

Ich will mich ein wenig umsehen, bis das Mädchen zurückkehrt, dachte der Wanderer.

Sein Blick fiel auf eines der tauglitzernden Tore. Er ging darauf zu und wollte es öffnen.

Da wich der Fels zurück, und der Wanderer stand in einer lichtdurchfluteten Landschaft, geschmückt mit den blumigen Gewändern des Sommers. Da waren die Hänge bedeckt von blühenden Azaleen, von Iris und Glyzinien, die Wogen der Goldrosen unter seidigem Himmel und der leuchtend rote Mohn.

Da war zugleich der sanfte Regenfall und der Ruf des Bergkuckucks.

Da war die blaue Nacht. Und das Gewirr der Glühwürm-

85

chen erinnerte an die fernen Lichter der Boote, die auf dem Meer schaukelten.

Reglos verharrte der Wanderer vor der Schönheit des Sommers.

Als er sich umwandte, war das Mädchen lautlos hinter ihn getreten und lächelte ihm zu. Leichtfüßig lief es voraus zur Hütte und bereitete die Mittagsmahlzeit.

In der heiteren Gegenwart des Mädchens verging der Tag, und der nächste begann. Kaum war der Wanderer erwacht, wiederholte sich auf wundersame Weise, was am Tag zuvor geschehen war. Wieder blickte der Wanderer dem Mädchen nach, als es davonging. Und wieder war das Mädchen im gleichen Augenblick verschwunden.

Ich will mich ein wenig umsehen, bis sie zurückkehrt, beschloß er auch diesmal. Er wandte sich dem zweiten der tauglitzernden Tore zu. Als er es öffnen wollte, wich der Fels zurück, und der Wanderer erblickte vor sich eine zauberhafte Landschaft unter silbernen Herbstnebelschleiern. Die Berghänge brannten im flammenden Rot der Ahornbäume. Über die gelben Reisfelder zogen Wildgänse in sanft schwingender Kette. Im nächtlichen Spiegel des Bergsees leuchtete der Mond. Reglos verharrte er vor der Schönheit des Herbstes.

Als er sich umwandte, war das Mädchen lautlos hinter ihn getreten und lächelte ihm zu. Leichtfüßig ging es zur Hütte voraus und bereitete die Mittagsmahlzeit.

In der heiteren Gegenwart des Mädchens verging der zweite Tag, und der dritte begann.

Wie sehr ich mich auch bemühe, meine Sinne zu schärfen, dachte der Wanderer, ich werde das Geheimnis, das mich umgibt, nicht ergründen. Und alles wird sein wie am ersten und zweiten Tag.

Und so geschah es.

Das Mädchen war gegangen. Der Wanderer blieb allein.

Er wandte sich dem dritten der tauglitzernden Tore zu. Als der Fels auch diesmal zurückwich, erblickte er eine Winterlandschaft in weißem, weichem Flockenmantel. Die Hänge lagen reifglitzernd im gleißenden Licht der glutroten Sonne. Dann wieder hing der Himmel grau über den blassen Schneegesichtern der Wälder und Berge. Eisblumen erblühten und zerbrachen klirrend im kalten Atem der Nacht.

Reglos verharrte der Wanderer vor der Schönheit des Winters.

Als er sich umwandte, war das Mädchen lautlos hinter ihn getreten und lächelte ihm zu. Es lief leichtfüßig voraus zur Hütte und bereitete die Mittagsmahlzeit.

In der heiteren Gegenwart des Mädchens verging der dritte Tag, und der vierte begann.

Als das Mädchen gegangen und der Wanderer allein war, wuchs sein Verlangen, nun auch das vierte Tor zu öffnen, so übermächtig, daß er das Gebot des Mädchens mißachtete.

Er näherte sich dem Tor. Da vernahm er schon von weitem einen unbeschreiblich wohltönenden, zwitschernden Gesang, ein Pfeifen und Trällern und Wispern, ein leises Locken, ein angstvolles Warnen.

Der Wanderer folgte dem Zauber der Stimme. Da wich der Fels, und er betrat eine Landschaft, die vom Hauch des Frühlings erfüllt war. Die Hänge bedeckten schimmernde Blütenwolken der Orangenbäume. Waldveilchen und Anemonen woben duftende Teppiche. Ein zartes Abendrot umsäumte die Nacht. Im Gezweig der tausend und aber tausend Kirschbäume erblickte der Wanderer einen zierlichen Vogel, eine Grasmücke. Anmutig schwang sie sich von Ast zu Ast. Sie sang und zwitscherte, als leihe sie den unzähligen Blüten ihre Stimme.

Reglos verharrte der Wanderer.

Plötzlich verstummte der Gesang. Vor seinen Blicken nahm die zierliche Grasmücke die Gestalt des Mädchens an. Es lächelte nicht. Seine Heiterkeit war gewichen.

»Weshalb«, fragte das Mädchen traurig, »weshalb hast du mein Gebot mißachtet? Gab ich dir nicht, was uns die Tage verschönte? Nun, da du mein Geheimnis belauscht hast, ist der Zauber zerstört, und ich muß dich verlassen.«

In diesem Augenblick entglitt die Hütte. Die vier Tore versanken im Nebel der Nacht. Der Wanderer stand allein auf einem Stück graugrünem Ödland, das von Sternenmoos hier und da spärlich bedeckt war.